福建省社会科学普及出版资助项目
（2022 年度）
编委会

主　任：林蔚芬

副主任：郑东育

委　员：康蓉晖　刘兴宏　李培锔

福建省社会科学普及出版资助项目说明

福建省社会科学普及出版资助项目由福建省社会科学界联合会策划组织和资助出版，是面向社会公开征集的大型社会科学普及读物，旨在充分调动社会各界参与社会科学普及的积极性、创造性，推动社会科学普及社会化、大众化，为社会提供更多更好的社会科学普及优秀作品。

生活中的会计学

李乔侨／著

中国财经出版传媒集团

经济科学出版社
Economic Science Press
·北京·

图书在版编目（CIP）数据

生活中的会计学/李乔侨著 . -- 北京：经济科学
出版社，2023.7
ISBN 978 - 7 - 5218 - 4782 - 6

Ⅰ. ①生… Ⅱ. ①李… Ⅲ. ①会计学 - 通俗读物
Ⅳ. ①F230 - 49

中国国家版本馆 CIP 数据核字（2023）第 090177 号

责任编辑：程辛宁
责任校对：王京宁
责任印制：张佳裕

生活中的会计学

李乔侨 著

经济科学出版社出版、发行 新华书店经销
社址：北京市海淀区阜成路甲 28 号 邮编：100142
总编部电话：010 - 88191217 发行部电话：010 - 88191522
网址：www. esp. com. cn
电子邮箱：esp@ esp. com. cn
天猫网店：经济科学出版社旗舰店
网址：http://jjkxcbs. tmall. com
固安华明印业有限公司印装
710 × 1000 16 开 10.75 印张 160000 字
2023 年 7 月第 1 版 2023 年 7 月第 1 次印刷
ISBN 978 - 7 - 5218 - 4782 - 6 定价：60.00 元
（图书出现印装问题，本社负责调换。电话：010 - 88191545）
（版权所有 侵权必究 打击盗版 举报热线：010 - 88191661
QQ：2242791300 营销中心电话：010 - 88191537
电子邮箱：dbts@ esp. com. cn）

前　言

　　会计源于生活，又为生活所服务，会计知识与我们的生活息息相关。现实生活中，新闻媒体近年来曝光了许多明星和网络主播偷税漏税的问题，给社会造成不少负面影响，企业财务会计信息失真、上市公司财务造假等现象也时有发生。然而，普通民众对于会计政策并不熟悉，缺乏相关专业知识：什么是会计？会计知识和我们老百姓的生活相关吗？明星涉嫌偷税漏税，那会计会受到什么样的处罚呢？个人应当怎样运用会计知识管理好自己的财富？本书将在日常生活的各种情景中，为您揭开会计的神秘面纱。

　　本书通过主人公林一的日常生活展开，贴近生活，采用故事讲述、图文结合、提问解惑等方法进行写作，努力让晦涩难懂的会计知识变得较为通俗易懂。林一是谁？为何他一会儿是渔民，一会儿是猪农？一会儿是普通大学生，一会儿又成为仓库管理员？其实，这里的"林一"只是一个虚构的人名，他是千千万万普通老百姓中的一员，也和我们每个人一样有着各种各样的经历与烦恼。本书试图通过林一这样一位普通人的故事来展开，讲述会计知识，传播会计思想。至于主人公为何姓林，主要是因为福建是林姓人口的第一大省，也出了很多林姓的名人，如林则徐、林觉民、林徽因、林语堂等，这些优秀先辈的故事也曾经鼓舞过我，成为书中的写作素材之一。

　　本书的撰写过程其实也是我自己对于会计知识的重新学习和梳理的过程，如何将专业知识与日常生活情境相结合，让晦涩难懂的会计知识浅显易懂，于我而言是一个挑战，也让我对于教学方法上有了很多新的思考。书中也融入了一些思政元素，如坚守诚实守信的品质、踏实勤恳的态度、自主创新的精神，将优秀民族企业的故事和民族英雄的名言融入其中，传播正能量，弘扬社会主义核心价值观。

本书得以出版，要特别感谢福建省社会科学普及出版资助项目的资助，也感谢我所在的单位福州外语外贸学院给予的平台与支持。感谢各位前辈、师长与同仁的悉心指导与帮助。特别感谢家人的默默支持与付出，感谢我可爱的学生江颖和林诗婧帮忙绘制插图。

年华似水，光阴如梭。写完这本书已近年末，也是"会计人"最繁忙的时刻，愿这本小书能助您了解会计知识，会计博大精深，本人才疏学浅，也期待您的批评与建议。其实，不仅是会计人，各行各业皆是如此，忙着总结过往，憧憬未来。愿来年疫去福来，春暖花开。

李乔侨

2022 年于福州

目　录

绪论篇　会计的起源与发展

一、林一捕鱼的故事
——会计的产生

　　林一的祖祖辈辈都生活在海边，所谓靠山吃山靠水吃水，林一主要以捕鱼为生。最开始，林一的捕鱼技术很差，经常捕不到鱼，即使能捕到，也只有几条鱼，只能勉勉强强填饱肚子。后来，林一逐渐学会了运用工具捕鱼，这样，每天捕到的鱼越来越多，除了每天吃完的，还会有剩余的。每天捕到多少条？又剩余多少条？林一逐渐有了计数的概念，他决定把这些记录下来，但是他每天都要捕鱼，这个记录的工作他顾不上，刚好他还有个妹妹，妹妹林二身体娇弱，不能跟着哥哥去捕鱼却擅长记录，于是妹妹林二就充当了这个记录的角色，这也就是我们的"会计"的起源。

一条鱼？
两条鱼？

从林一捕鱼的故事来看，会计源于生活，人们在日常的生产生活过程中，往往需要像林一一样记录。会计究竟是如何产生的？人们有哪些记录的方法呢？让我们一起来回顾会计的产生过程吧！

会计的产生

会计的产生可谓历史悠久，早在原始社会，人们就会像林一这样，将每天狩猎、捕获的食物的数量记录下来，只不过，当时还没有纸和笔，人们就想到"结绳记事""刻木记日""石壁刻字"这类原始的记录方法。例如，"结绳记事"是原始社会人们广泛使用的记录方法之一，据古书记载："上古结绳而治，后世圣人易以书契"（《易·系辞下》）。意思是说，上古的时候通过结绳来记事，后来没有继续使用，后世圣人改成了以文书契据来记载。那么，怎么通过结绳来记录呢？据古书记载："事大，大结其绳；事小，小结其绳，之多少，随物众寡"（《易九家言》）。也就是说，如果是大事，就在绳子上打个大结，如果是小事，就打一个小结，打多少个结随着事物的多少来决定[1]。可见，这些原始的记录方法，帮助人们记录发生的事情，在记录的过程中，也逐渐形成很多计数方法，逐渐有人独立出来专门从事记录的工作，从而产生了最初的"会计"。林一捕鱼的故事中，妹妹林二就是充当了这个"会计"的角色，负责专门记录。

不管是在我国还是在外国，会计都很早就产生了，但是并不像现在这样，有着成体系的方法和理论，成为一种独立的生产管理活动，大多时候，只是作为人们记录生产活动的一部分，这主要也与当时的生产力水平有限息息相关。

二、林一鱼丸店的故事

——会计的发展

　　林一一家原本以捕鱼为生，但是，随着捕鱼水平的不断提高，每天捕到的鱼越来越多，林一和妹妹林二只能每天吃鱼，林一就对林妈妈说："每天吃鱼，吃久了难免吃腻，能不能换换别的口味？"林妈妈苦思冥想，终于想到一个办法。她把鱼去皮，剔除鱼刺，再将肉剁细，加地瓜粉做成鱼丸，煮熟后吃，这样做出来的鱼丸 Q 弹可口，别有一番风味，深受林一和妹妹的喜欢。林妈妈有时也会把多余的鱼丸分给周围的人吃，大家都对林妈妈做的鱼丸赞赏有加，于是，林一想到，不如开一家鱼丸店，林妈妈负责制作鱼丸，林爸爸负责店内杂务，林一负责捕鱼进货，妹妹林二负责记录。由于开店需要很多桌椅，林一便找邻居借了一点钱买了几套过来，就这样，林一家的鱼丸店开业了。开业第一天，林妈妈做了 300 个鱼丸，卖出去 260 个，剩余 40 个，每个鱼丸卖 1 元钱，总共卖了 260 元。林二就记录下来：入－出＝余，也就是 300－260＝40 元。到了第二天，林妈妈又做了 350 个鱼丸，加上第一天剩下的 40 个，卖出去 380 个，剩余 10 个，林二觉得，昨天剩下的 40 个最好也单独记录，于是就这样记录：旧管＋新收－开除＝实在，也就是 40＋350－380＝10 个。

从林一鱼丸店的故事来看，妹妹林二在记录的过程中，用到了两种不同的记录方法，这其实早在我国古代会计中就有提及，整体而言，会计的发展经历了古代会计、近代会计和现代会计三个阶段。

会计的发展

1. 古代会计

我国早在西周时期就出现了"会计"一词。当时，朝廷为了考核王朝的财政经济收支，考察群臣的政绩，专门设置了"司会""司书""职内""职岁""职币"等职务，"司书"负责记账，掌管会计账簿，"职内"负责财务收入账户，"职岁"负责财务支出账户，"职币"负责财务结余，"司会"则负责监督，掌管会计工作，进行"月计岁会"，所谓"月计"就是每月进行一次零星计算，"岁会"就是每年进行一次总合盘算[2]。

到了战国至秦汉时期，则出现了以"入""出"为记账符号的单式记账法，又叫作"三柱结算法"，基本公式为"入－出＝余"，在林一鱼丸店的故事中，妹妹林二在第一天记账时运用的就是这个方法，即每天的收入－支出＝结余。秦汉时期，还出现了以"收""付"为记账符号的单式记账法，这也是我国会计发展的重要标志。

唐朝经济文化繁荣，会计的最高主管机构为度支部，负责职掌财政预算和全国的会计核算，还在刑部中设立审计机构，对会计和经济监督极为重视，若官员提供的会计账簿和报告查出重大问题，可对相关人员予以弹劾，依法论处，这种将刑制与财制相结合的制度，是唐朝对会计发展史的重要贡献。

宋朝的经济社会进一步发展，也促进了会计发展的进一步完善。其中，最典型的就是"四柱结算法"的完善和广泛使用。"四柱结算法"其实在唐朝后期已经出现，但是还不够完善，到了宋朝才逐渐完善并得到广泛使用。"四柱结算法"又叫"四柱清册"。其基本原理就是"旧管+新收＝开除+实在"，在林一鱼丸店的故事中，妹妹林二在第二天记账的时候运用的就是这个方法，"旧管"相当于期初余额，也就是第一天剩下的40个，"新收"相当于本期增加发生额，也就是第二天做的350个，"开除"相当于本期减少发生额，也就是第二天卖出去的380个，"实在"相当于期末余额，也就是第二天剩下的10个。"四柱结算法"的创立和应用，比西式簿记中平衡结算法早几百年，是我国会计史上的重大突破，在世界会计史上具有重要的意义。

明清时期，出现了我国最早的复式记账法——龙门账，把全部账目分为"进""缴""存""该"四大类。它是以"进－缴－存－该"作为会计平衡等式，以林一鱼丸店的故事来看，"进"指的是各类收入，也就是卖鱼丸的收入，"缴"指的是各种费用，也就是做鱼丸的成本支出，"存"指的是各种资产，也就是鱼丸店的各种财产物资，"该"指的是负债和资本，因为林一鱼丸店的各种财产物资中包含一些借来的物资——找邻居家借钱买的桌椅，这也就是这里的负债——"该"。根据平衡等式"进－缴＝存－该"，两边相等就是"合龙门"。

2. 近代会计

公元13～15世纪，地中海一带商品货币经济发达，人们发现，原来的记账方法已经不能满足需要，1494 年，意大利一名伟大的数学家、会计学家卢卡·帕乔利在他的著作《算术、几何、比及比例概要》中，详细地介绍了关于复式记账法的应用，这也标志着近代会计的开端，卢卡·帕乔利也因此被称为"近代会计之父"。

公元 18 ~ 19 世纪，英国的工业革命带来社会生产力的迅速提高，社会化大生产需要大量的资金，因此，股份制应运而生。股份公司的发展，带来了资本所有权和经营权的分离，许多大股东虽然拥有公司的所有权，但不一定亲自参与公司的经营管理，而是通过聘请职业经理人来进行管理，这也给会计工作带来了更多的挑战。为了使会计信息可比，帮助投资者做决策，不同单位要求按照相同的记账规则来做账。由于所有权与经营权分离，投资者往往需要第三方独立的会计人员来帮忙核查账目的真实性和可靠性，这就需要独立的行业组织来进行监管。1854 年，英国爱丁堡会计师公会成立，这也是世界上第一个会计师协会，由它来评判会计信息的真实性和可靠性。

3. 现代会计

20 世纪后，世界范围内发生了两次世界大战，英国的经济实力受到较大影响，美国取代英国，成为世界经济中心和会计中心，美国等资本主义国家成立了许多国际化的大公司，为了规范会计核算工作，西方许多国家制定了会计准则，促进了会计理论和方法的进一步提高。随着科技的发展，计算机逐渐代替手工记账，大大提高了会计工作的效率。1952 年，会计分化为"财务会计"和"管理会计"两大分支，这也标志着现代会计的开端。会计逐渐由原来只提供对外信息的财务会计向为内部管理者提供管理服务的管理会计发展。

由会计的发展历程我们可以看出，会计是随着社会经济的发展而不断发展完善的，经济越发达，会计也越重要[3]。

三、林一过生日的故事
——会计的含义和职能

林一是个爱交朋友的人，这天他过生日，准备晚上叫一帮朋友来家里吃饭。林妈妈马上开始准备，出门买菜、切菜、煮菜，结果发现家里的电饭锅太小了，临时又添置一台新的，一阵手忙脚乱，又请来钟点工王阿姨来帮忙，这才赶在林一和朋友到来之前准备了一顿丰盛的晚餐，过了一个愉快的生日。事后，林妈妈告诉林一，过生日请客总共花费了买菜的费用 580 元，买饮料酒水的费用 300 元，燃气水电费 20 元，还有临时添置的电饭锅 1 000 元，但是由于准备时间太过仓促，临时请来钟点工王阿姨帮忙，花费 100 元，这样算下来，这次总共花费 2 000 元，原本预算在 1 200 元左右，如果在外面过生日，费用其实也差不多在1 800 元，建议今后如果来不及可以选择直接在外面过生日。林一听了林妈妈的建议，表示赞同[4]。

从林一过生日的故事来看，林妈妈在这个故事中就扮演了会计的角色，那么，会计究竟是什么？它的基本职能有哪些？让我们结合林一过生日的故事来一探究竟。

（一）会计的含义

会计是什么？其实，综合前面两个小节所回顾的会计的产生和发展我们知道，会计的含义是不断完善和发展的。一般而言，会计是指以货币为主要计量单位，借助专门的技术方法，对一种主体的经济活动进行确认、记录、计算、报告，旨在向有关方面提供会计信息，支持其判断和决策的一种经济服务行为过程[5]。

听起来较为复杂，但是，我们看看林一过生日的故事就比较好理解了。林妈妈在这个故事中就扮演了会计的角色，林妈妈买菜、买酒水饮料等都有记账，并且计算了本次过生日请客吃饭的总费用，在事后汇报给了林一，并且通过对比分析给出相应的建议，建议林一今后再遇到这种情况还是直接选择在外面过生日。

那么我们可以进一步思考：林一此次请客吃饭的费用真的是 2 000 元吗？不是。为什么呢？首先，林妈妈没有考虑到人工成本，林妈妈自己在家煮饭其实也花费了很多时间和精力。其次，林妈妈把买电饭锅的花费全部算了这次请客吃饭的费用里面，但是其实电饭锅不是一次性的，以后做饭都能用，在我们的会计里面可以理解成固定资产，它的价值相对来说较高，并且使用年限比较长一些。那么，买电饭锅的钱和这次的费用有没有关系呢？其实，电饭锅也是有大概的使用寿命的，如10 年，我们假设 10 年以后这台电饭锅就不能用了，只能当废品卖掉，预计 50 元，那么，我们就可以把电饭锅的价值在 10 年内减少 950 元，假设我们 10 年内预计使用 95 次，那么每次使用产生折旧费用就是 10 元，这才是我们可以算在本次的费用里面的部分。而我们刚刚一起探讨的计算请客费用的方法，还有计算折旧的方法，都属于我们会计使用的专门方法。

所以，下次我们遇到了类似的问题，是不是就可以按照类似的方法来计算了呢？

（二）会计的职能

会计的职能是指会计在经济活动中所具有的功能，通俗地讲，就是会计是做什么的。比较公认的会计的两项基本职能是核算和监督。

核算我们很好理解，就是指算账。林一过生日的故事里面，林妈妈就参与了核算的工作，而监督是指会计的另一个基本职能，主要是要保证经济活动的合法性和合理性。那么我们应该怎么实施相应的监督呢？监督分为事前、事中和事后监督。例如，在林一过生日的故事里面，我们可以在请客之前制订一个比较合理的计划或者预算，如总共不超过多少金额，这就属于事前监督。事中监督指的是日常工作中，随时审查发生的业务，督促经营业务的正常进行。而事后监督则是对已完成的经济活动进行考核、分析和评价，林妈妈在事后就进行了相应的反思，还可以比较原先的预算跟实际的花费之间的差距，找出原因，为下次作相应的预测提供参考。

除了基本的职能以外，会计还有一些拓展的职能，如预测经济前景，参与经济决策，评价经营业绩[6]。例如，在林一过生日的故事里面，林妈妈就一起参与了经济决策，作出今后再遇到这种情况还是直接选择在外面过生日的决策。而评价经营业绩是指利用财务报告等提供的信息，采用适当的方法来对经营的情况作出评价，我们将在后续的章节具体介绍。

总之，会计源于生活，又能实实在在地为生活服务，它是一种经济服务行为。生活中，我们可以运用所学的会计知识来帮助解决很多问题。

工作篇　认识会计

四、林一谈恋爱的故事
——会计基本假设

　　林一从小是一枚妥妥的"学霸"，典型的"理工男"，但是由于从小专注于学习，恋爱经验一片空白。林一毕业之后进入大厂上班，工作积极认真，为人谦虚低调，于是身边就有各种亲戚同事朋友开始给他物色对象。同事介绍的小丹、同学介绍的小美、大姑介绍的小阳、父母介绍的小婷，林一和她们一一见面，最后发现跟小美比较聊得来，于是开始和小美谈起了恋爱。

　　有一次，小美问林一："你说，30 年后我们还会不会在一起？"

　　林一非常认真地想了想，回答道："这可不一定啊，我们来算一算，你看，我们在一起的概率是 50%，30 年后我们依旧活着的概率各自也只有 50%，那么我们在一起的概率就是 50%×50%×50%＝12.5%。"

　　小美其实只是想让林一哄哄自己，给自己一个美好的憧憬，奈何林一不按套路出牌，小美被眼前的"理工男"的耿直弄得哭笑不得。

　　又有一次，小美问林一："你猜，今天是什么日子？"

　　林一赶紧拿出手机备忘录查了查（自从上次算出 30 年后在一起的概率后，一直被批评不懂浪漫，所以，备忘录备注了小美的生日、小美父母的生日、恋爱纪念日、七夕、情人节等等），可是今天既不是女友的生日，也不是她父母的生日，更不是各种节日，这可咋办？林一弱弱地回答道："是你生日和你母亲生日正中间的日子？要不要去庆祝一下？"

小美回答道："是我们单位发奖金的日子，今天我们去外面吃饭，庆祝一下呗！"

自从跟小美在一起，林一渐渐地懂得了，想要恋爱长长久久，就要懂得经营和付出。每隔 1 个月，林一和小美都要适当庆祝，回顾过往，憧憬未来，这样才能为幸福保温。

后来，林一和小美步入婚姻的殿堂，婚后，日子就变得每天围绕着柴米油盐酱醋茶展开，过日子和谈恋爱可不太一样了，不能只懂浪漫，还得精打细算，和钱打交道。小美和林一商量，两人共同创建家庭基金，这个家庭基金里面需要详细记录各自对家庭的贡献和支出情况，例如，林一上交工资 5 000 元（+5 000 幸福币），小美上交工资 3 000 元（+3 000 幸福币），小美做家务（+3 000 幸福币），林一接送孩子上课（+1 000 幸福币），林一还房贷 3 000 元（-3 000 幸福币），家庭生活开支 4 000 元（-4 000 幸福币）……这样记录下来，两人便能知道各自的收入和支出情况，特别是将家务劳动和接送孩子这些也货币化，能够更好地反映各自的付出，从而更加珍惜眼前的幸福生活。

你说
我们30年后还会不会
在一起呢？

从林一谈恋爱的故事来看，林一和小美恋爱的过程中，确定了很多规则和假设条件，会计要进行核算，同样也需要设定一些基本的假设条件，下面，我们结合林一谈恋爱的故事来看会计的基本假设吧！

会计基本假设

会计基本假设是会计核算工作的基本前提，是对会计核算所处的时间、空间范围等作出的合理设定，会计有 4 个基本假设，分别是会计主体、持续经营、会计分期和货币计量[7]。我们结合林一谈恋爱的故事便能很好理解。

1. 会计主体

会计主体指的是会计人员所服务的单位或者组织，会计人员要进行核算和监督，首先得有一个服务对象，既可以是一个企业，也可以是一个企业集团，这个假设界定了会计核算的空间范围。在林一谈恋爱的故事中，林一要谈恋爱，他得先确定一个对象，我们的会计工作要展开也是如此，会计主体假设从空间上明确了"为谁做账"的问题。

2. 持续经营

持续经营指的是会计主体在可预见的未来，能够按照当前的经营规模和状况正常而且持续地经营下去，不会大规模减少业务或者停业。试想，如果一个企业面临破产清算，那么它原来拥有的房产、机器设备等很可能就要面临被低价处置的命运，账面上价值 50 万元，可是因为急于处置，可能只能卖个 30 万 ~ 40 万元，这个就属于清算价格，破产的企业不适用《企业会计准则》核算，而是适用《企业破产清算有关会计处理规定》。企业虽然不可能保证永远能够存活下去，正如林一谈恋爱的故事中，林一虽然不能保证 30 年后还和小美在一起，但是，既然谈起了恋爱，小美和林一就要抱着长长久久的信念去坚持，企业也是以持续经营为假设前提，否则，很多事情的处理都会不同。

3. 会计分期

会计分期假设是建立在前两个假设基础上的，指的是将一个持续经营的会计主体的经营活动，分成若干个持续、长短相同的期间。例如，林一决定了要在可预见的未来长长久久地和小美在一起，那么，就要隔一段时间庆祝一下，如每隔一个月，为彼此的爱情和幸福保温。企业也是如此，现代企业很多都是所有权和经营权相分离的，也就是老板聘请了很多职业经理人来帮忙管理和经营，老板虽然不在公司，但是很想知道企业的经营状况如何，于是就可能要求职业经理人每半年或者每年汇报企业的经营情况。会计分期分为年度和中期，我国的一个会计年度是从公历的 1 月 1 日到 12 月 31 日，在年度内，再划分为月、季度、半年度等，这些短于一年的报告期间都叫作中期。

4. 货币计量

货币计量指的是对会计主体进行确认、计量和报告时，要以货币为主要计量单位。其实，除了货币，我们有很多其他的计量单位，例如数量、长度、重量等等，但是这些都不好在量上统一且直观地比较，而货币是比较好统一衡量的。在林一谈恋爱的故事里，我们可以看到，为了记录两个人对于家庭的贡献和付出，林一和小美将做家务和接送小孩这些也货币化计量了，对于家庭来说，这些虽然看起来没花钱，但是如果不记录，则不能体现小美对于家庭的付出，久而久之林一可能就会觉得自己的工资比较高，对于家庭的贡献比较大，殊不知，家务劳动、养育、教育子女这些都需要花费大量的时间和精力，应该被记录。那么以什么为计量单位才比较合适呢？次数？时间长短？这些都难以比较或统一，所以林一和小美最终选择了货币作为计量单位，与工资收入支出等能直接衡量对比。当然，货币只是主要的计量单位，并不是唯一的计量单位，有的实物资产我们也会同时采用数量、重量等计量单位来辅助记录。

五、林一租房的故事

——会计基础

林一即将大学毕业，他没有选择回老家，而是决定在大学所在的城市工作、生活。经过几轮面试，他终于找到了一份心仪的工作，但是，工作单位没有提供住宿，他需要自己租房。

林一对比了几套房源之后，最终在两套房源之间犹豫。A房源，每月租金1 200元，1年起租，房东要求"押1付1"，也就是交押金1 200元和租金1 200元，再加上中介费用600元，总共3 000元。B房源，每月租金1 000元，2年起租，房东要求"押1付3"，也就是交押金1 000元和租金3 000元，再加上中介费用500元，总共4 500元。两套房源距离上班的地方车程差不多，面积还有装修配置也差不多，水电费都是按照民用水电标准收取，那么，主要需要考虑的就是租金的区别了。

在林一看来，押金是可以退还的，所以不应该看作费用，如果租A房源，那么这个月的费用 = 1 200 + 600 = 1 800元，而B房源这个月的费用 = 3 000 + 500 = 3 500元，而自己刚刚大学毕业，手头没有那么多钱，所以比较倾向于租A房源。他咨询了父母的意见，父母提醒他，虽然表面上A房源这个月交的费用比B房源低，但是别忘了，B房源预付的是3个月的租金，真正属于这个月的费用 = 1 000 + 500 = 1 500元，比A房源的1 800还少300元，而且，以后每个月的租金也会便宜200元，所以应该选择租B房源，至于刚毕业没有钱一次性支付3 500元，父母会给予帮助。林一听了父母的意见，选择租B房源。

从林一租房的故事来看，林一在对比两套房源的租金价格时，产生了一定的疑惑，究竟租金要什么时候才能算作费用？其实，企业的会计人员在日常的业务处理当中也会产生同样的困惑，当业务的发生和款项的收付时间不一致时，我们就需要确定一个关于记账时间的标准，即所谓的"会计基础"。

会计基础

在会计基本假设的会计分期假设中，我们将会计期间划分为一个个连续而相等的期间，现实生活中，我们时常会遇到经济业务的发生时间与款项收付时间不一致的情形，例如，企业把商品卖给客户 A，客户这个月没付钱，那么企业的会计人员这个月需不需要记账？又如，林一租房的故事里面，林一一次性付了 3 个月的租金，从款项的收付时间来看，付钱是这个月就发生了，但是从实际的费用来看，这个月本来只应该付 1 个月的租金，那么多付的 2 个月的租金到底应该什么时候确认为费用呢？这就是我们所说的需要确定一个记账时间的标准。会计基础分为权责发生制和收付实现制两种。

1. 权责发生制

权责发生制又叫作应收应付制，"权"是指收款的权利，"责"是指付款的责任，在权责发生制下，不管实际是否收到或者付出款项，只要权利已经形成或者责任义务已经发生，就应该确认为本期的收入或者费用。以林一租房的故事来看，在权责发生制下，林一本月应付的费用只包含本月的租金和中介费，不应该包括押金和下月的租金，也就是如果是选择 A 房源，费用 = 1 200 + 600 = 1 800 元，如果选择 B 房源，费用 = 1 000 + 500 = 1 500 元。这样更有助于我们拨开云雾看本质，更能真实地反映实际的收入和费用情况，帮助我们作出决策。

2. 收付实现制

收付实现制又叫作实收实付制，指的是会计人员记账，仅以款项实际收到或者付出的时间为准，而不管是否已经有收款的权利或者付款的责任或者义务。以林一租房的故事来看，在收付实现制下，林一实际付出多少租金和中介费就需要确认多少费用，也就是如果选择 A 房源，费用 = 1 200 + 600 = 1 800 元，如果选择 B 房源，费用 = 3 000 + 500 = 3 500 元。我们如果采用收付实现制，那么 B 房源这个月的费用就会变得非常高，而下个月的费用又会变得很少，这样不利于我们看清楚真实的损益情况。

我国《企业会计准则》规定，企业应采用权责发生制，而《政府会计准则》规定，政府会计里面的预算会计采用收付实现制。

六、林一考试的故事
——会计信息质量要求

林一是一名小学生，平时比较机灵活泼，这次考试没考好，回到家，林妈妈问道："今天怎么样啊？听说数学考试成绩出来啦？"林一回答："今天天气不错，我今天在学校表现不错，体育老师表扬了我，说我跳绳全班第一呢！"

林妈妈笑道："我知道你体育很好，但是我主要问的是考试成绩，怎么样？数学考了几分？"

林一继续回答："数学老师讲课讲得很有趣，她总是讲得我们哈哈大笑，但是她讲的老是和考的不一样，隔壁班的王老师就不同了，她讲的基本都考到了。"

林妈妈不耐烦了，直接问道："快说，你考了几分？"

林一回答："我考的分数 = $4 \times 8 + 25 \div 5 + 63 \div 9 + 21 - 8 + \cdots\cdots$"

没等林一说完，林妈妈怒火中烧，直接拿起林一的书包把试卷找了出来，一看分数，喜出望外："100 分？"转过身来笑着对着林一说道："这次考得不错嘛！"

可仔细一看，情况不对，卷面上到处都是"×"，"100"后面那个"0"明显字迹跟其他不一样，算一下做对的题目，总共加起来只有10 分！

林妈妈暴跳如雷："林一，你居然学会了改分数？这样是不诚实的，你知道吗？"

林一很委屈："妈妈，我是怕你生气，我知道错了……"

林妈妈看儿子认错了，又问道："你看你上次考试都考了 90 分，这次怎么才考 10 分？"

林一回答道："上次我比较认真，又检查两遍，这次我考试的时候没有检查。"

林妈妈又问："那隔壁班的陈三考得如何？"

林一答道："陈三说他考了 98 分，他们班的老师讲的都考了，我们班的很多考的都没有讲，老师不一样。"

林妈妈又说："既然你说这次是粗心没有检查造成的，那妈妈给你重新打一份卷子，重做一遍，做完记得要多检查几遍，如果能做对，就说明你真的懂了，考试的分数没有你真的能掌握知识重要，一次考试考差也不能代表什么，妈妈小时候也有没考好、发挥失误的时候，这没关系，但是你修改分数弄虚作假要不得，既然你知道错了，我们就及时改正吧！"

林一本以为妈妈会大骂自己或者揍自己一顿，没想到妈妈这么能理解自己，很是感动，于是非常认真地又做了一遍试卷，做完反复检查，终于得了真正的"100 分"。

从林一考试的故事来看，林一的妈妈为了得到真实准确的信息，了解孩子林一的考试情况，进行了许多比较。企业的会计人员最终要将会计信息呈献给相关使用者，也需要符合一定的质量要求，这样才能方便比较，为后续经济决策奠定基础。那么，会计信息质量要求究竟有哪些呢？

会计信息质量要求

会计信息质量要求指的是会计人员所提供的财务资料应符合相应的质量要求，具体包括八大信息质量要求，即：可靠性、相关性、可理解性、可比性、实质重于形式、重要性、谨慎性和及时性[8]。

1. 可靠性

可靠性指的是企业在进行会计业务核算过程中，应该以实际发生的交易或者事项为依据，保证会计信息真实可靠。这是最基本的要求，结合林一考试的故事来看，林一将"10分"涂改成"100分"就违背了可靠性的要求，诚实守信，不弄虚作假是最基本的要求，但是现实生活中，上市公司财务报表造假，明星偷税漏税等问题屡见不鲜，这些其实首先就不符合会计信息质量可靠性的要求。为了眼前利益而违背可靠性的要求，也许一时不会被发现，但是谎言一旦被戳破，将会带来难以承受的后果，可靠性是最重要也最难坚守的一项要求。

2. 相关性

相关性是指企业所提供的财务信息要与信息使用者的需要相关，帮助财务报告使用者作出决策。我们结合林一考试的故事来看，林妈妈前面问林一考试成绩，林一一直回答的是不相关的问题，林一所描述的数学老师，讲课生动有趣但就是不讲考试相关的问题，这些都不符合相关性的要求。财务报告的使用者包括了企业负责人、债权人、投资人等等，他们往往需要根据企业的经营状况调整自己的目标和策略，在自己有限而宝贵的时间里根据财务报告信息作出相关决策。

3. 可理解性

可理解性指的是企业提供的会计信息应该清晰明了，便于财务信息使用理解和使用。在林一考试的故事中，林一妈妈问林一分数，林一回答了一串数字，这就不符合可理解性的要求了，会计人员应尽力做到记录清晰、完整，便于理解。

4. 可比性

可比性指的是企业所提供的会计信息应该具有可比性，所遵循的会计政策要保持一致，不得随意变更。具体而言，又分为两个方面，即横向可比和纵向可比。所谓横向可比，指的是不同企业在同一会计期间可比，例如，在林一考试的故事中，林妈妈拿林一和陈三在同一次考试中的成绩作比较，就是在进行横向比较，横向可比要求不同企业采用的是同样的会计政策，但是林一和陈三在不同的班级，老师不一样，授课效果也会有所不同，所以不具有可比性。所谓纵向可比，指的是同一企业在不同会计期间可比[9]。例如，林妈妈拿林一这次的考试成绩跟上次的考试成绩做比较，就是在进行纵向比较，在企业的实际核算过程中，有时候会采用不同的会计方法，为了保证会计信息可比，那么就会要求企业尽量采用一致的政策和方法，不得随意变更，如果有特殊情况实在需要变更，则要在附注中说明。

5. 实质重于形式

实质重于形式指的是企业应该根据经济业务的实质去进行会计信息的确认、计量和报告，而不仅仅只看法律形式。在林妈妈看来，考试分数只是形式，林一是否已经真正掌握所学知识才是实质，实质比形式更为重要。对于企业而言，经济实质比法律形式更重要。例如，A 企业与 B 企业签订了协议，约定将商品销售给对方，但是过段时间再按照约定的价格买回来，从法律形式上看是属于销售商品，应该确认收入，但是从经济实质上看，其实是由于 A 企业暂时缺钱，先把商品抵押在 B 企业那里，等 A 企业有钱了再把商品赎回来，所以应属于融资行为，不应该确认为收入。

6. 重要性

重要性指的是企业提供的会计信息应该反映与企业经营成果、财务状况等相关的重要交易或事项。一般认为，如果某项会计信息对于信息使用者作决策有影响或者说项目的金额较大时，就属于重要的项目。例如，我们将金额较大的电脑、设备等放进固定资产账户核算，而将金额较低的工具等放进周转材料——低值易耗品里面核算，固定资产在资产负债表里面单独列示，而周转材料则只属于存货的一部分，其摊销的方式和固定资产折旧相比，也更为简单，这也就体现了重要性的要求。

7. 谨慎性

谨慎性要求企业不能高估资产或者收益、低估负债或者费用。凡事作好最坏的打算，保持应有的谨慎态度。林妈妈督促林一做完反复检查，也是认真谨慎的体现。生活当中，我们平时多储蓄，以便在危机来临的时候能够从容应对，而在会计实务里面，我们也有很多体现谨慎性的做法。例如，为了应对应收款项可能收不回来的情况，我们设置了坏账准备账户，对于预计可能收不回来的坏账，我们就要计提坏账准备，这就好比平时存钱，等到真的发生坏账的时候，我们再把坏账准备里面的金额取出来使用，这样才能在实际发生坏账时有备无患，让应收款项这项资产不被高估。

8. 及时性

及时性指的是会计核算工作中要对已发生的交易或者事项及时地进行确认、计量和报告。就像林妈妈要求林一做错了事情要及时改正一样，会计人员的核算工作也要坚持及时性，既包括收集原始会计信息要及时，也包括登记账簿、编制财务报告要及时，没有了时效性，很多重要的信息也可能会失去原本的意义。我们看到会计人员月底和月初比较忙碌，因为他们月底需要及时做账出报表，而月初要按照税务的要求及时报税，这些都需要及时去完成。

七、林一养猪的故事

——会计计量属性

　　林一是一个猪农,以养猪为生。林一最开始从市场上买了十头小猪,每头 500 元,总共花了 5 000 元。养了半年后,林一考虑要不要将猪卖掉,就跑到市场上去问价格,市场上大家认为同样大小,品质差不多的猪应该卖 1 000 元/头,林一算了算自己的喂养成本,觉得价格不合适,就没有卖。林一想知道自己在猪圈里的猪到底能值多少钱,他准备再养一个月后再卖,他预计一个月后大概能卖 1 500 元/头,而再养一个月需要花费成本 100 元/头,卖猪的销售费用大概需要 50 元/头,那么,猪圈里的猪的价值 = (1 500 - 100 - 50) × 10 = 13 500 元。

　　又过了一个月,林一的猪又长大了一些,林一听说最近价格不错,就又去市场上问,果然,市场上大家认可的价格达到了 2 000 元/头,林一将 8 头猪卖了出去,又顺便从市场上买回 8 头小猪。回到猪圈,发现怎么猪圈多出来 1 头小母猪,多出来的这头小母猪如果从市场上买相同大小的需要花费 800 元/头。林一问了一圈也不知道这头母猪从何而来,就当作老天的馈赠吧。林一想到,可以用这头小母猪来生小猪,那么,这一头小母猪可以给林一带来多少的收益呢?隔壁的王二告诉林一,假设这头小母猪从一年后开始生小猪,每年能生 10 头小猪,能生 10 年,由于时间较长,需要将未来 10 年每年卖 10 头小猪取得的预计现金流入量减去每年养母猪和小猪预计发生的现金流出量,加上 10 年后将老母猪处置所取得的现金流入量,再减去老母猪处置过程中发生的现金流出量折现一下,才能算出真正的价值。林一彻底听蒙了,你能帮帮他吗?

从林一养猪的故事来看，林一在计算猪的价值时，用到了几种不同的标准，这些不同的记账标准在会计里面叫作计量属性。下面，我们结合林一养猪的故事来看，会计的计量属性都有哪些。

会计计量属性

会计计量属性指的是会计在记账的时候，要以什么样的标准来确认金额并记录，主要包括历史成本、公允价值、可变现净值、重置成本和现值五种。

1. 历史成本

历史成本又叫作实际成本，是最常用的计量属性，也就是说，取得或者制造某项财产物资时实际支付多少金额，就以多少金额进行计量。从林一养猪的故事来看，林一最开始从市场上买 10 头小猪，实际花费 5 000 元，那么这 5 000 元就是用历史成本计量的。

2. 公允价值

公允价值是市场参与者在计量日发生的有序交易中出售一项资产所能收到或者转移一项负债所需支付的价格[10]。它其实是在公开公平的市场上大多数人所认可的价值，例如，林一养猪的故事里，市场上对于林一的猪的认可的价格是 2 000 元一头，这个价值就叫作公允价值。在现实生活中，我们常见的股票市场上股票的价格常常采用的就是公允价值来计量。

3. 可变现净值

可变现净值是指用预计售价减去进一步加工成本和预计销售费用和相关税费后的净值。在林一养猪的故事里，林一想知道猪圈里的猪到底值多少钱，就用的是可变现净值这种计量属性，用预计一个月后能卖的价格减去再养一个月的成本和销售费用及相关税费，就可以算出可变现净值。当然，这里只是一种假设的情形，并不是真的现在就要卖，它通常用于存货的期末计量，用来帮助判断存货是否减值。

4. 重置成本

重置成本指的是在当前市场情况下，重新购置一项相同或者相似的资产所需花费的成本。在林一养猪的故事里，林一的猪圈里面多出来一头小母猪，如果去市场上买一头差不多大小的母猪的价格是 800 元，这 800 元采用的就是重置成本的计量属性。重置成本通常用于固定资产盘盈的情形，如果固定资产多出来了，那么就按照重置成本计量入账。

5. 现值

现值指的是将未来现金流量以恰当的折现率进行折现后的价值。我们可以将现值理解成一个穿越时光隧道的故事，我们假设将 10 000 元存入银行做一年期的定期，年化利率是 1.75%，那么一年后我们可以取得本息合计金额 = 10 000 × (1 + 1.75%) = 10 175 元，我们把 10 000 元叫作一年后的 10 175 元的现值，也就是将未来的 10 175 元以 1.75% 的折现率进行折现后的价值。在林一养猪的故事里，林一为了知道小母猪的价值，需要将小母猪未来带来的现金流量进行折现，这里面主要涉及四个方面的现金流量：①母猪每年生 10 头小猪，小猪卖出去预计可取得的现金流入量；②母猪和小猪每年预计发生的现金流出量；③10 年之后将母猪处置，预计取得的现金流入量；④10 年之后将母猪处置过程中所预计发生的现金流出量。那么未来的现金流量 = ① - ② + ③ - ④，我们按照一定的折现率将未来的现金流量进行折现，就可以得到现值[11]。在现实生活中，我们常常会碰到需要用到现值这项计量属性的情形，例如，分期购买手机，还房贷等。

总之，这五种计量属性都有其适用的情形，当然，最常用的还是历史成本。

八、林一开超市的故事

——会计要素和会计账户

林一听说经营超市很赚钱，刚好自己家附近没有，便计划着在家附近开一家。开超市需要启动资金，总共需要 20 万元左右，可是林一没有那么多钱，他自己只有 10 万元，便向父母借款 4 万元，向银行借款 6 万元，总算筹到了启动资金。于是，找店面、装修、买货架、进货、请员工……经过一系列忙碌而紧张的筹备之后，林一的超市开业了。

开业第一天，林一忙得不可开交，他发现，人们经常找不到自己要的商品，一直过来问他，他忙着解释什么商品放在什么地方就耗费了大量的精力。林一想到，自己超市的商品五花八门，确实需要好好分类，一来便于客户寻找，二来也便于自己管理，于是，他将商品大致分为：食品饮料区、针织服饰区、日用百货区、五金家电区、文体办公区，并且在显眼的位置贴上标识，方便客户自行寻找。这样分类之后，客户寻找商品明显快很多，不过，林一又发现一个问题：这样分类虽然能大体有个指引，但是具体到小的商品，还是不够详细。例如，客户想买方便面，虽然知道在食品饮料区，但是食品饮料包含的种类实在太多了，还是需要逛好大一圈才能找到。看来还需要继续细分，于是林一进一步将食品饮料区划分为：生鲜区、粮油区、包装食品区、饮料烟酒区、副食品区、日配区、散装加工区，而粮油区又分为速食品、粮食类、食用油，方便面就在粮油区的速食品大类下面。为了方便统计商品的库存情况，林一还给每种商品设置了一个编号，这样一来，林一的超市货品虽然品种繁多，但是也能做到井井有条，客户体验感较好。

经营了一段时间，林一的父母问林一："怎么样？超市开始赚钱了吗？"林一每天忙忙碌碌，根本都无暇顾及算账，更别提库存管理了，于是，他请来有经验的张姐帮忙，张姐告诉他："超市的管理非常重要，日常就需要清晰地做好销售和库存方面的记录，例如，以方便面为例，方便面的品种很多，进货之后我们首先需要做好登记，各个品牌、各种口味的方便面进货价格、售价分别是多少，每次销售都要及时记录，隔一段时间则需要盘点库存，统计哪些品牌或者哪些口味的方便面卖得最好，并且及时补货，对于那些销量不好的方便面则要通过促销的方式处理，因为如果过了保质期，就不能再卖了，以后进货的时候就知道哪些比较畅销，需要多进货了。日常做好了这些登记管理，等到月末的时候，将销售收入减去销售过程中的各项成本费用，便可以算出营业利润了。"林一听了张姐的话，表示赞同并感谢，超市的生意也越来越红火，经过 1 年的经营，林一初步算出总收入大概 180 万元，总费用主要包括商品的进货成本 140 万元，员工工资 12 万元，还银行利息 2 万元，广告费 1 万元，各种税费 2 万元，其他杂费 3 万元，总共 160 万元，利润大概 20 万元。

从林一开超市的故事来看，林一在管理超市的商品时，将商品分为了不同的类型，而企业在日常的会计核算过程中，也需要将不同的会计对象按照一定的规则来进行分类，这就是所谓的会计要素。

(一) 会计要素

会计要素是对会计对象进行的基本分类。企业日常的经营活动多种多样，正如林一超市里的商品品种繁杂一样，为了能更好地记录和管理，需要将它们按照一定的规则进行分类，这样就形成了会计要素。会计要素主要包括六大类：资产、负债、所有者权益、收入、费用、利润。

1. 资产

资产指的是过去的交易或者事项所形成的、由企业拥有或者控制的、预期会给企业带来经济利益的资源[12]。这个定义可以从三个方面展开来理解：第一，资产的本质是能给人带来利益、带来好处的资源，如果某项资源不能给企业继续带来利益了，那么就不能继续再作为资产了，例如，报废的电脑等；第二，资产是实实在在由过去的交易或者事项形成的，不是对未来的憧憬，例如，林一如果说明天想买一辆车，那么这辆车还只是想象中的，并不能作为林一的资产；第三，资产的所有权不一定是为企业所有，企业拥有某项资产所有权，那么可以把该项资产确认为企业所有，例如，林一花钱买了一瓶水，就拥有了这瓶水的所有权，这瓶水就成为了林一的资产。但是，也有一些特殊的情况，企业虽然不拥有某项资产的所有权但是却能控制它，我们也将该资产确认为企业的资产，这就是我们所说的实质重于形式的原则。例如，企业融资租入的固定资产，虽然法律形式上看，所有权不属于企业，但是因为该固定资产大部分时间都在企业，企业实际控制了该固定资产，所以也将该固定资产确认为企业的资产。结合林一开超市的故事来看，林一作为启动资金的 20 万元，就属于林一的资产，在超市开业后，这些资金的一部分就变成了超市里的商品、货架、收银的设备等，这些也属于林一的资产。

2. 负债

负债是过去的交易或者事项形成的、预期会导致经济利益流出企业的现时义务。负债的定义我们也可以从三个方面来解读：第一，负债和资产一样，也是过去的交易或者事项形成的，假设林一明天准备再找银行借款 3 万元，那么就不属于林一现在的负债，因为还没发生；第二，负债预期会导致经济利益流出，这个我们很好理解，欠债还钱，天经地义，负债是要偿还的，等到偿还的时候，就会有经济利益流出企业；第三，负债是一种现时义务，也就是说，过去借的钱，现在还没有偿还，所以当前负有偿还的义务。我们可以结合林一开超市的故事来看，林一为了开超市，找父母借了 4 万元，向银行借款 6 万元，这些钱未来都需要偿还，所以，在当前的时间节点上，林一的总负债为 10 万元。

3. 所有者权益

所有者权益指资产扣除负债后由所有者享有的剩余权益。由定义我们其实可以得出：所有者权益 = 资产 − 负债，这其实可由会计第一等式"资产 = 负债 + 所有者权益"变形可以得到。企业所拥有的资产，一部分来自所有者本身，叫作所有者权益，另一部分可能是通过借钱得到的，叫作负债。所以我们要看企业真正所拥有的净资产，其实是要看所有者权益，就像我们可能听说某人买了一套 200 万元的房产，但其实可能其中有 140 万元都是找银行借的钱，真正属于他的所有者权益只有60 万元。在林一开超市的故事中，林一开超市的启动资金里，真正属于林一的所有者权益只有他自己出资的 10 万元。

4. 收入

收入是指日常活动中形成的、会导致所有者权益增加的、与所有者投入资本无关的经济利益的总流入。也就是说企业将商品销售出去或者为别人提供了服务，所收到的款项就属于收入，它是日常活动所得，因为收到了款项，最终会导致所有者权益增加。在林一开超市的故事中，林一将商品卖出去就能收到款项，这就属于林一的收入，它属于林一的日常活动，但是，假如林一的超市因为发生水灾而被淹了，社区工作人员组织大家给林一的超市捐款，这部分捐款就不能算作收入，而只能叫作利得，因为这是一种偶然的事件，不是日常活动带来的。在林一开超市的故事中，林一通过一年的经营，所获得的收入为 40 万元。

5. 费用

费用指的是企业在日常活动中所发生的会导致所有者权益减少的、与向所有者分配利润无关的经济利益的总流出。理解了收入，我们就能很好地理解费用，费用跟收入一样也是日常活动中才有的，林一为了将超市商品卖出去获得了收入，但是也付出了一定的费用。例如，林一进货的费用；林一为了更好地管理超市，聘请了员工，员工的工资；超市的水电费；等等。这些都属于日常活动带来的总经济利益的流出，都属于费用。但是，假如林一的超市因为卖了过期的食品导致被工商部门罚款 3 000 元，这种就不能算作费用，而是叫损失，因为这也是非常偶然的事件，不是日常活动。

费用按照经济用途分为营业成本、税金及附加和期间费用。营业成本是为了取得营业收入而付出的直接代价，例如，林一的超市卖了一包方便面取得了 50 元的营业收入，那么方便面的进货成本 40 元则属于营业成本。税金及附加指的是企业日常按照法律规定应缴纳的各种税费，而期间费用则是本期生产经营活动中发生的不能计入前面两种的各项费用，包括管理费用、财务费用和销售费用。在林一开超市的故事中，林一请员工帮忙管理所支付的工资 12 万元就属于管理费用，支付银行的利息支出则属于财务费用，而为了销售而发生的广告费用则属于销售费用，通过一年的经营，林一超市的费用 = 营业成本 + 税金及附加 + 期间费用 = 140 + 2 + 12 + 1 + 2 + 3 = 160 万元。

6. 利润

利润指的是企业一定会计期间的经营成果，也就是我们平常所说的赚了或者亏了多少钱。利润既包括收入减去费用的净额，也包括直接计入当期利润的利得和损失等。以林一的超市为例，林一开超市一年所获得的收入 − 费用 = 180 − 160 = 20 万元，这属于日常经营活动所获得的利润，我们假设林一因为卖了过期方便面被工商管理部门处罚，罚款的支出就属于损失，或者林一获得了别人的捐赠，这就是偶然的利得，这些利得和损失不能计入收入和费用，但是在计算利润时我们也应考虑到，因为它们也真实地影响了利润。所以，会计上在核算利润时，我们分为三个层次列报，包括营业利润、利润总额和净利润。

营业利润指的是日常经营活动所带来的利润，利润总额则包括营业利润和非日常活动带来的利润，是税前利润，而净利润则是利润总额减去所得税费用之后的净额，是税后利润。

（二）会计账户

会计账户是具有一定的格式，用来分类连续记录各项经济业务，反映各项会计要素增减变动和结果的一种工具。每个会计账户都有一个名称，叫作会计科目。结合林一开超市的例子来看，林一将所有商品分成了：食品饮料区、针织服饰区、日用百货区、五金家电区、文体办公区，这只是一个大致的分类，但是如果客户要找方便面这一个商品，还需要继续细分。会计要素只是对会计对象做了一个基本分类，而在现实生活中，有很多要素虽然属于同一类要素，但是其用途和性质都不太相同。例如，林一存放在银行里的钱和林一超市里的商品，从前面分析的会计六大要素来看，都属于林一的资产，但是银行卡里的钱可以随时取现，用来进货，而超市里的商品必须卖出去才能变成现金或者银行存款，这两种资产显然不能放在一起核算，所以我们将林一存放在银行的钱叫作"银行存款"，而将超市里的商品叫作"库存商品"，这些专门的名称就叫作会计科目，而为了反映会计要素的增减变动和结果，我们赋予会计科目一定的格式，就形成了会计账户。

我们每个人对于同样的一个事物可能有自己习惯的命名方式，例如，有的人称方便面为泡面，为了统一、便于管理，也为了不同企业会计信息可比，我们国家的财政部门对会计科目的名称进行了统一规定，常见的会计账户按照经济内容分为资产类、负债类、所有者权益类、成本类和损益类。其中：资产类主要核算资产要素；负债类主要核算负债要素；所有者权益类则包含所有者权益和利润两个要素；费用要素一分为二，可以归集到特定成本对象中的费用进入成本类账户核算，而不计入成本的费用和收入则属于损益类。不同类型的账户有其不同的特点，例如：资产类账户一般期末都有余额，且一般余额在账户借方；负债类账户和所有者权益类账户期末也一般都有余额，且余额在账户贷方；成本类账户期末一般没有余额，如果有余额，一般表示在产品的数额；而损益类账户期末没有余额。

会计账户也可以按照提供信息的详细程度分为总分类账户和明细分类账户。总分类账户是对会计要素的主要内容进行总括分类，而明细分类账户是进一步分类，提供更为详细的信息。例如，林一超市里面的商品，我们按照国家财政部门的统一规定，叫作库存商品，库存商品就属于总分类账户，而为了进一步统计具体的商品，我们可以根据实际需要设置明细分类账户，例如，库存商品——方便面、库存商品——牛奶等。

不同类型的会计账户格式有所不同，但是基本都包括账户名称、日期、凭证编号、摘要、增加和减少的金额及余额等要素，我们以银行存款日记账为例，便可以了解会计账户的基本结构。

（1）账户名称：会计账户的正中间是这个账户的名称，就好比每个人都有一个名字，每个账户也有它的名称，即会计科目。

（2）日期：为了能清楚记录每个账户发生业务的日期，方便查账、对账，会计账簿需要记录经济业务确认的日期，也就是第一栏，日期栏。

（3）凭证号：会计人员做事讲究有理有据，也就是说一笔业务发生后我们需要根据相关的凭证才能记账，每张凭证也都有对应的编号，那么，我们需要将这个凭证的号码记录下来，如记001就代表是记账凭证的第1张，登记在凭证号一栏。

（4）摘要：摘要栏是对于所发生的业务作一个简单的概括，比如，林一为了给超市留一些备用金，去银行取款，那么，摘要栏就可以写上：取款。摘要栏没有统一的规定，只要言简意赅，能够概括所发生的业务即可。

（5）对方科目：会计人员用自己专门的语言——会计分录记录业务时，因为使用的是复式记账法，一个经济业务的发生必然会引起两个或者两个以上的账户发生变化，比如，林一去银行取款，一方面，银行存款减少，另一方面，库存现金增加，那么，我们就需要将银行存款所对应的库存现金科目登记在对方科目一栏上。

（6）借方金额和贷方金额：账户随着经济业务的发生，可能会发生增减变动，在借贷记账法下，资产类账户增加记录在借方，减少记录在贷方，例如，林一取款会导致银行存款减少，应登记在贷方，而如果林一收回来账款，银行存款将增加，应登记在借方。

（7）借/贷：表示余额所在的方向，比如，林一期初有 50 000 元银行存款，余额在借方。

（8）余额：表示账户的余额，可根据公式计算：期末余额 = 期初余额 + 本期增加发生额 – 本期减少发生额。银行存款增加时记录在借方，减少时在贷方，则银行存款期末余额 – 期初余额 + 借方发生额合计 – 贷方发生额合计。

我们以林一的超市为例，假设林一期初有 50 000 元银行存款，本月 3 日取款 1 000 元，4 日收回货款 3 800 元，5 日偿还短期借款 30 000 元，那么我们可以将银行存款的账户变动反映在银行存款日记账上，具体如表 8 – 1 所示。

表 8 – 1　　　　　　　　　　银行存款日记账　　　　　　　单位：元

| 2022 年 | | 凭证号 | 摘要 | 对方科目 | 借方金额 | 贷方金额 | 借/贷 | 余额 |
月	日							
10	1		期初余额				借	50 000
	3	记001	取款	库存现金		1 000	借	49 000
	4	记002	收回货款	应收账款	3 800		借	52 800
	5	记003	还借款	短期借款		30 000	借	22 800
			……					
	31		本月合计		43 900	32 200	借	61 700

九、林一的小金库的故事
——复式记账法和 T 型账户

林一是个"妻管严"，他每个月都要将所赚的工资交给老婆小美管理，小美每个月给林一留 3 000 元零花钱用于日常开销。小美要求林一将每天的开销记录下来，林一便这样记录：

1 日，花费 90 元；

2 日，花费 110 元；

3 日，花费 80 元；

……

最开始，林一还比较老实地记录每天的花费，有时候到了月底，有多余的钱也会退给小美，可是后面，林一琢磨着，如果自己每次都将剩余的钱退给小美，小美肯定觉得 3 000 元的零花钱太多了，以后说不定会缩减到 2 800 元或者 2 500 元，这可不行，自己有时候还是得请同事或者哥们吃个饭喝个小酒联络一下感情的，每次都得额外找小美请示也很麻烦，因为小美要求林一只要记录每天花费多少钱，不用记录具体的用途，于是，林一开始"做假账"，偷偷设了一个自己的"小金库"。例如，明明今天只花了 70 元，账上却记录为 90 元，这样"小金库"便会有 20 元收入，这样积少成多，林一"小金库"里的钱也越来越多。后来，小美觉得不对劲，因为林一之前经常都会有剩余的钱，而近段时间不仅没有剩余，而且有时候还会额外再申请，于是，小美就要求林一记账更为详细一些，例如，不仅要记录每天花费的金额，还要记录实际的用途，例如，吃饭、买衣服等，为了证明具体的花费金额，还需要提供微信支付的截图作为证据。于是，林一的账本就改成了这样记录：

1 日，吃饭花费 80 元；

2 日，吃饭花费 90 元，打车花费 20 元；

3 日，吃饭花费 10 元（午餐老王请客）；

4 日，吃饭花费 90 元，买灯泡花费 20 元；

……

经过一段时间的记账，小美注意到，林一每个月的花费主要分为几类：日常的吃饭、买衣服、打车，还有一些家庭正常的开支，如买灯泡、修马桶等，还有的就是人情往来，如参加婚宴的份子钱等，为了弄清楚在具体每个项目上花费多少钱，就需要把这些费用进行归类，例如，日常的吃饭、买衣服、打车费用计入生活费用，家庭零星的开支计入家庭开支，人情往来这种偶尔的支出计入额外支出。假设林一每个月领到的钱是放在微信零钱，计入其他货币资金——微信零钱，那么，每发生一笔开销，就应该在两个以上的账户记录。例如，林一吃饭花费 80 元，那么生活费用增加 80 元，同时林一的微信零钱减少了，也就是其他货币资金——微信零钱减少 80 元，这样一来，小美就能清楚知道林一每个月在具体每个项目上的花费。林一发现，经过这样记账，并且还需要提供相应的微信支付截图，这样一来，自己的"小金库"便难以为继了，以后还是老老实实记账吧！

从林一的小金库的故事来看，林一在记账的时候运用了两种记账方法，这其实是我们会计里面用到的方法——单式记账法和复式记账法，其中，复式记账法更为通用，下面就让我们一起来看什么是复式记账法吧！

（一）复式记账法

复式记账法指的是对每一笔经济业务，都要在两个或者两个以上账户上以相等的金额进行登记的一种记账方法。结合林一的小金库的故事来看，林一最开始记账的时候只记录资金的增减，这就是单式记账法。但是，资金用在了什么地方，我们无从知晓，所以后来他就改为复式记账法，既要记录资金的减少，也要记录资金的用途。例如，吃饭花费80元，以微信零钱支付，既要记录其他货币资金——微信零钱减少80元，又要记录生活费用增加80元，这样，我们对于资金运用的来龙去脉便一目了然了。

复式记账法根据记账符号的不同分为增减记账法、收付记账法和借贷记账法。这里的"增减""收付""借贷"都是记账的符号，国际上最通用的是借贷记账法。借贷记账法就是以"借""贷"为记账符号的一种复式记账法。为了更为直观地理解借贷记账法，我们先引入 T 型账户，结合 T 型账户来进一步理解借贷记账法。

（二）T 型账户

如图 9-1 所示，T 型账户顾名思义就是形状像大写英文字母"T"一样的账户，其实是将账户结构予以简化得到。

借	账户名称（会计科目）	贷
期初余额（或在贷方）		
本期发生额	本期发生额	
……	……	
本期发生额合计	本期发生额合计	
期末余额（或在贷方）		

图 9-1　T 型账户

T 型账户的中间是账户的名称，也就是会计科目，在借贷记账法下，左边代表借方，右边代表贷方，这里的借方和贷方只是一种记账符号，没有任何意义。不同类型的账户，它们在登记的时候计入的方向不一样，例如，资产类、成本类账户的期初余额一般在借方，本期增加发生额计入借方，本期减少发生额则计入贷方，期末余额一般在借方，而负债类账户则相反，负债类、所有者权益类账户的期初余额一般在贷方，本期增加发生额计入贷方，本期减少发生额则计入借方，期末余额一般在贷方。而损益类账户一般没有期初和期末余额，其中费用类账户本期增加发生额计入借方，本期减少发生额计入贷方，收入类账户本期本增加发生额计入贷方，本期减少发生额则计入借方。我们可以总结一下：

$$资产 + 成本 + 费用 = 负债 + 所有者权益 + 收入$$

等式左边的三类账户都是借方表示增加，贷方表示减少，等式右边的三类账户都是借方表示减少，贷方表示增加。

我们以林一的小金库的故事来看，假设吃饭的花费计入管理费用——生活费用这个账户（这里根据生活中的会计需要设置），林一用微信零钱支付，计入其他货币资金——微信零钱，那么，林一吃饭花了80元这件事情，我们可以这样记录，管理费用——生活费用增加80元，管理费用——生活费用属于费用类，在借方表示增加，所以计入借方，而与此同时，其他货币资金——微信零钱减少80元，属于资产类减少，所以计入贷方，总结一下就是：

借：管理费用——生活费用　　　　　　　　　　　80

　　贷：其他货币资金——微信零钱　　　　　　　　　80

这就是运用借贷记账法所记录的经济业务，在日常生活中，为了更为直观地看到每一个账户的增减变动，我们便可以运用T型账户记录，例如，上述业务我们可以在T型账户上作出记录，如图9-2所示。

借	管理费用——生活费用	贷	借	其他货币资金	贷
① 80				① 80	
② 110				② 110	
③ 10				③ 10	
④ 90				④ 110	
……				……	

图9-2　T型账户记录

细心的朋友可能会发现，第 4 笔业务为什么金额不等，这是因为，林一在第四天买灯泡还花费了 20 元，这里我们把买灯泡的花费计入管理费用——家庭开支，也属于费用类，增加计入借方，所以还需要编制家庭开支的 T 型账户，如图 9 - 3 所示。

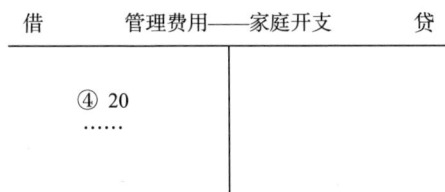

借	管理费用——家庭开支	贷
④ 20		
……		

图 9 - 3　家庭开支的 T 型账户

通过借贷记账法和 T 型账户，我们可以清楚直观地看到每一笔经济业务的发生对于账户的影响，并且，根据"有借必有贷，借贷必相等"的原则，我们也可以快速地发现有没有记账错误，因为如果借方和贷方的合计发生金额不相等，我们就可以知道一定是哪里出了差错。

十、林一报销的故事

——会计凭证

林一大学毕业不久，便来到一家公司上班，林一主要负责采购。这天，他接到领导陈经理的通知，派他到 A 城出差，采购物资。林一立马填写出差申请单，买车票、订酒店，陈经理交代林一，出差期间的花费先自行垫付，回来后凭票报销。林一按照陈经理交代的认真记录：来回车票花费 380 元，住宿酒店花费 280 元，吃饭花费 250 元，出差的城市刚好有个自己很想去的旅游景点，就利用晚上休息的时间去游览了一下，门票花费 100 元。

在 A 城出差 2 天后，回到公司，林一拿着一叠发票来到财务处想要报销，结果财务处人员告诉他，要填制差旅费报销单才能报销，这可难倒了林一，到底如何填差旅费报销单，什么票可以报销，为何还需要各种领导签字？还好，他的同事王二之前有过出差的经历，他告诉林一，首先要把所有的票分类，按照差旅费报销单上可以报销的种类确定哪些可以报，哪些不能报销。例如，来回的车票、住宿的酒店发票、吃饭的餐饮发票，这些都在可以报销的范围之内，而景区游玩的门票，因为公司派员工出差，主要是为了采购，游玩与采购业务无关，所以不在报销范围之内。接着，需要将差旅费报销单填制完整，按照报销单上所列的项目将对应的信息和金额填写完整，填好之后，还需要拿着报销单去找相关的领导签字，都签好后，才能交给财务处报销。

林一很纳闷，他低声跟王二说道："为啥还要找领导签字呀？是领导派我去出差的，我垫了钱回来还得找领导签字才能报销，财务这样不是在为难我吗？"王二回答道："刚开始我也这么想，但是后来我就明白了，财务人员每天都要对接各个部门的人来处理报销的工作，每个公司都有各自的规定，出于控制公司各项开支的角度，不同层级的领导的权限也不同，这也是为了公司更好地管理，相关领导签了字，也就代表他们同意，也有助于明确责任。"林一听了王二的讲解，这才恍然大悟，终于按照要求填好差旅费报销单，交给财务人员，不久，出差报销的钱就打到了林一的工资卡上。

每个职场打工人应该都经历过报销，很多人都会像林一这样，不明白报销单如何填制，不理解什么样的票能够报销，会感慨报销怎么会如此麻烦，而财务人员每天要审核那么多的报销凭证，还要记账算账，也会觉得相当烦琐，而且，很多人并不能理解他们的工作，有时候告知来报销的同事某张票不能报销的时候，对方会暴跳如雷，觉得是他们是在为难同事，也会相当郁闷。林一报销的故事里面涉及的差旅费报销单是我们日常生活中常见的会计凭证之一（如图 10-1 所示），会计日常的工作也围绕着会计凭证展开。那么，会计凭证是什么？为什么需要会计凭证？它包含哪些种类呢？

差旅费报销单

报销部门：采购部　　　　　　　　　　　　　　填报日期：2022 年 10 月 16 日

姓名	林一			出差事由		采购物资	
时间	地点起止	交通费	住宿费	伙食费	其他	合计金额	备注
10.13	B 城—A 城	190.00	280.00	120.00		590.00	
10.14	A 城—B 城	190.00		130.00		320.00	
总计金额	（大写）人民币玖佰壹拾元整					910.00	

负责人：张六　　会计：王五　　审核：李四　　部门主管：陈三　　出差人：林一

图 10-1　差旅费报销单样本

会计凭证

会计凭证是具有一定格式，用以记录和证明经济业务的发生和完成情况的书面证明，它是会计登记账簿的依据，也是明确经济责任的依据，一般来说，可以分为原始凭证和记账凭证两大类。结合林一报销的故事来看，林一出差的车票、酒店开的住宿发票、吃饭开的餐饮发票，还有回来填制的差旅费报销单，这些都属于原始凭证，如果没有这些原始凭证，就很难向财务人员证明林一出差这件事情是否已经发生。

我们以常见的滴滴出行打车发票来看（如图 10 - 2 所示），发票的右上角是发票代码和发票号码，这两个合起来相当于这张发票的身份证，校验码就是发票防伪的一种特有密文，如果需要查询发票是否真实，那么就可以通过在国家税务总局上发票查验系统上输入发票代码和发票号码、开票日期、校验码等信息来进行查验。通过这张发票，我们可以得知购买方是谁，一般是员工所在公司，每个公司在税务机关都有一个独特的身份证号码，也就是所谓的纳税人识别号。发票的中间会有

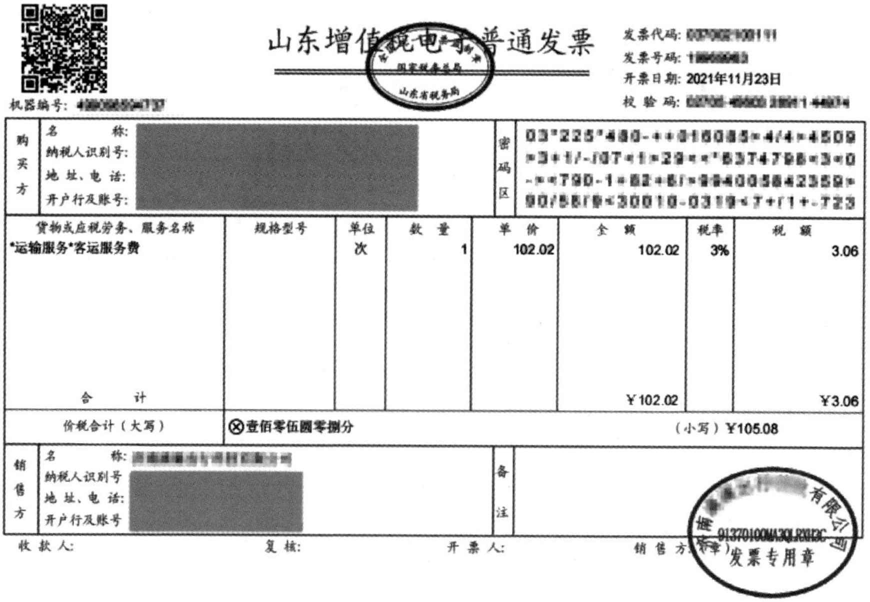

图 10 - 2 原始凭证示例

货物或应税劳务、服务的名称、规格型号、数量、单位、单价、金额、税率和税额这些关键信息,不同类型的货物或者劳务、服务适用的税率不同,而我们平常所实际支付的金额其实是价税合计的金额,也就是金额＋税额的总额。会计人员拿到这些原始凭证首先要审核,审核原始凭证的真实性、合法性和合理性。例如,企业为了控制费用支出,往往会设定差旅费报销的标准;根据员工职级的不同,可以报销的金额也有一定差距;每个部门可报销的金额不能超过总预算;等等。这些都是财务人员行使监督职能的体现,因此,报销的时候财务人员也会对相关的原始凭证认真审核。

审核完原始凭证,会计人员还要把这件事情记录下来,也就是用会计专门的语言记录在记账凭证上面。这里所谓的会计专门的语言其实就是会计分录,会计人员为了方便记录各项经济活动,用自己独有的方法来记录,写在记账凭证上,这也是后续登记账簿的重要依据。以林一报销的故事来看,图 10 - 3 显示,记账凭证的中间是业务发生的日期 2022 年 10 月 16 日,右上角是代表这张记账凭证的编号第 005 号,摘要相当

记 账 凭 证

日期:2022 年 10 月 16 日　　　　　第005 号

摘　要	总账科目	明细科目	借方金额										贷方金额										记帐
			亿	千	百	十	万	千	百	十	元	角	分	亿	千	百	十	万	千	百	十	元	角	分	
林一报销差旅费	管理费用						9	1	0	0	0														
	银行存款																9	1	0	0	0			
附单据 5 张	合　计						¥	9	1	0	0	0					¥	9	1	0	0	0			

核准:　张六　　复核:　李四　　记账:　王五　　出纳:　张三　　制单:　林一

图 10 - 3　记账凭证示例

于简明扼要地记录这个业务情况，我们国家采用的是借贷记账法，这里所谓的借和贷只是记账符号，记账凭证先写借方再写贷方，差旅费属于管理费用核算的范畴，而管理费用属于费用类科目借方登记增加，员工报销差旅费导致管理费用增加所以记录在借方，与此同时，我们还要记录款项的减少，因为以银行存款支付，所以银行存款减少，记录在贷方，此外还要将合计的金额写在最下面，并且将原始凭证附在这张记账凭证的后面作为证据，记账凭证的下面往往需要相关经办人员盖章，以明确责任。从一张小小的记账凭证，我们就可以看出会计工作的严谨和细致，也就更能理解在报销时为何要走那么多的流程。

十一、林一的日记本的故事

——会计账簿

　　林一是一名在校大学生，每个月的生活费来自林妈妈，林妈妈每个月给林一 1 500 元的生活费。刚开始，林一是够用的，后来，林一每个月都要额外再找林妈妈拿一些，有时 500 元，有时 300 元，有时甚至 1 000 元。林妈妈很想知道林一的钱到底用在了什么地方，为什么每个月的支出差距这么大，就要求林一将每个月的收入支出情况记下来。林一照做了，于是，林一的日记本上就出现了这样的一堆记录：

　　11 月 1 日，老妈转过来 1 500 元，取了 800 元，吃饭 50 元，水果 20 元；

　　11 月 2 日，吃饭 55 元，同学生日礼物 50 元；

　　11 月 3 日，吃饭 60 元，买书 30 元；

　　11 月 4 日，吃饭 45 元，交班费 20 元；

　　11 月 5 日，四级通过，老妈奖励 300 元，请同学吃饭 180 元；

　　11 月 6 日，吃饭 40 元，买衣服 120 元；

　　……

　　等到月底，林妈妈看到了林一的日记本上的记录，便将一个个项目汇总起来，费了好长时间才核对清楚。原来，儿子这个月吃饭花了 1 680 元，买水果花了 100 元，买衣服花了 260 元，水电费 100 元，买生日礼物等杂项花了 230 元，总共花费 2 370 元。通过核对，林妈妈了解了儿子每个月的支出情况，决定根据实际情况对林一的生活费作出调整，每月增加 500 元，如果有买衣服、买生日礼物等这些需求可以额外申请增加额度。

从林一的日记本的故事来看，林妈妈为了搞清楚林一每个月的开支明细，让林一进行了记账，这是一本典型的"流水账"，没有固定的格式，林妈妈到了月底，为了搞清楚儿子到底在什么地方花费多少钱，还得一个个去核对加总，费时费力，还容易出错，可想而知，如果是一个企业，平常的业务往来肯定比这要复杂得多，如果按照这样的方法来记账，到了月底就更为混乱。所以，会计人员需要按照一定的格式将会计凭证上的会计信息来进行汇总，这就形成了会计账簿。

会计账簿

会计账簿是由具有一定格式又相互联系的账页所组成的。它可以把会计凭证上分散的会计信息进行汇总，从而更加系统、全面地反映各项经济活动。会计人员根据实际需要，设置了序时账簿、分类账簿和备查账簿。

1. 序时账簿

序时账簿又叫作日记账，是根据时间先后顺序逐日逐笔登记的账簿，最典型的是现金日记账和银行存款日记账。在林一的日记本的故事中，我们假设林一每天使用现金支付，日常正常的衣食住行都记在管理费用里面，买礼物、交班费等偶然的支出都记在额外支出里面（这里的账户名称是针对生活中的场景专门设置的，跟企业设置的账户核算的内容有所不同），那么，我们可以按照时间先后顺序将现金的使用和结存情况记录下来，如表 11 – 1 所示。

表 11 – 1　　　　　　　　　　　现金日记账

2022 年		凭证号	摘要	对应账户	借方	贷方	余额
月	日						
11	1		期初余额				100.00
	1	记 002	取款	银行存款	800.00		900.00
	1	记 003	吃饭	管理费用		50.00	850.00

续表

| 2022 年 | | 凭证号 | 摘要 | 对应账户 | 借方 | 贷方 | 余额 |
月	日						
	1	记 004	买水果	管理费用		20.00	830.00
	2	记 005	吃饭	管理费用		55.00	775.00
	2	记 006	买礼物	额外支出		50.00	725.00
	3	记 007	吃饭	管理费用		60.00	665.00
	3	记 008	买书	额外支出		30.00	635.00
	4	记 009	吃饭	管理费用		45.00	590.00
	4	记 010	交班费	额外支出		20.00	570.00
	5	记 012	请同学吃饭	额外支出		180.00	390.00
	6	记 013	吃饭	管理费用		40.00	350.00
	6	记 014	买衣服	管理费用		120.00	230.00
		……					
	30		本月合计		2 300.00	2 370.00	30.00

跟前面林一在日记本上记的"流水账"相比，这里的现金日记账显得更为详细而清晰，对于林一来说，每天对一下自己钱包里面的现金余额和账本上的余额就可以知道自己有没有丢钱，而对于林妈妈月底查账来说，因为现金日记账平时都有结出余额，月底还有合计金额，可以说跟比之前的流水账的对账相比，省了好多时间。

2. 分类账簿

分类账簿是指对经济业务进行分类登记所形成的账簿，一般按照反映内容的详细程度的不同，可以分为总分类账和明细分类账两种。总分类账用来记录全部经济业务，根据总分类科目来设置，如管理费用总账，从林一的日记本的故事来看，例如，林一日常的衣食住行的花费都进了管理费用账户，林妈妈可能会更进一步地想知道林一分别在衣食住行上各自花费多少，这时，就需要设置管理费用的明细分类账。我们先来看林一的日记本故事里的管理费用总分类账，如表 11 - 2 所示。

表 11 – 2 总分类账

科目名称：管理费用 单位：元

2022 年		凭证号	摘要	借方	贷方	借或贷	余额
月	日						
11	10	科汇 001	1 ~ 10 日发生额	660		借	660
	20	科汇 002	11 ~ 20 日发生额	730		借	1 390
	30	科汇 003	21 ~ 30 日发生额	750	2 140	平	0
	30		本月合计	2 140	2 140	平	0

假设林一为了方便，平时没有像现金日记账那样逐日登记总账，而是每 10 天一次汇总登记，于是，管理费用的总分类账的登记就比较简单，只需登记 3 笔，月末再合计一下即可。但是，总分类账只能从整体上看出来林一这个月管理费用花费的总金额，如果林妈妈还想知道具体的，就需要再设立明细账，例如，吃饭、买衣服、车费、水电费等。管理费用明细账如表 11 – 3 所示。

表 11 – 3 管理费用明细账

2022 年		凭证号	摘要	借方					合计
月	日			吃饭	买衣服	车费	水电费	……	
11	1	记 003	吃饭	50					50
	1	记 004	买水果	20					70
	2	记 005	吃饭	55					125
	3	记 007	吃饭	60					185
	4	记 009	吃饭	45					230
	6	记 013	吃饭	40					270
	6	记 014	买衣服		120				390
			……						
	30		结转本期损益	1 780	260		100		2 140

通过管理费用明细账，我们可以清楚看到林一每个月的花费的具体项目，帮助林妈妈作决策，例如，吃饭、买水果这些是每个月必不可少的，从 11 月的情况来看，已经达到 1 880 元，显然之前的 1 500 元额度已经不能满足现在的需要，买衣服、车费不一定每个月都有，所以可以考虑以后将林一的生活费调到 2 000 元，如果有特殊情况再额外申请。

3. 备查账簿

如果有些未能在序时账簿和分类账中登记的经济业务需要进行补充登记，那么就可以设置备查账簿，例如，租入固定资产登记簿等，备查账簿可根据实际需要设置，没有强制要求。

除了按照用途分类，会计账簿还可以按照外表形式分为订本式账簿、活页式账簿和卡片式账簿，或者按照账页格式分为三栏式账簿、数量金额式账簿和多栏式账簿，这里就不一一展开了。总之，从林一的日记本的故事来看，通过登记账簿，我们能够对日常发生的业务系统地进行汇总、分析，从而方便我们后续作出经济决策。

十二、林一的年终总结的故事
——会计报表

    林一在一家国有企业上班，擅长文案工作，每天过着朝九晚五的生活，日子过得平淡而充实。工作几年之后，手上开始有些积蓄，看着房价上涨得厉害，就和父母商量，父母出资20万元，自己出10万元凑了30万元首付，贷款70万元买了一套价值100万元的房产，从此成为有房一族。当上"房奴"之后，林一明显感觉不像以前那么"潇洒"了。以前每个月时不时就要跟朋友出去吃大餐，或者出去玩，现在总想着明年开始每月要还4 800元的房贷，而自己目前每个月的工资收入才7 200元。于是，林一决定想办法赚点额外的收入，他发现，有一些平时关注的公众号会招募写手，而自己刚好擅长文案工作，便利用下班休息的时间兼职写作投稿，功夫不负有心人，他投出去的稿子有两篇被录用，他因此获得了3 800元的稿酬。虽然跟4 800元的房贷相比，这并不算多，但是给了林一很大的鼓舞。

    年底了，朋友圈很多人在晒美食、晒对象、晒一年的收获，林一也默默在作今年的年终总结：

    （1）成为"房奴"，房产价值100万元（父母资助20万元，不要求偿还，欠银行70万元），由于刚买完房不久，积蓄基本花光了，银行存款只剩2 200元，微信零钱里面剩余360元，家用电器家具等总共价值约7 000元，目前自己还在租房子，有1 000元押金还押在房东那里。

    （2）找到兼职，稿酬不固定，但是预计基本每个月都会有，目前总共3 800元。

（3）主业带来工资收入 93 600 元（每月工资 7 200 元，年底双薪），奖金 23 000 元。

（4）日常吃饭支出 36 000 元，水电物业支出 3 800 元，房屋租金支出 12 000 元（每月 1 000 元，自己买的房子明年才能入住），车费支出 1 800 元，旅游支出 2 800 元，买衣物支出 2 000 元，人情往来支出 3 000 元，其他杂项支出 2 500 元。

林一总结完自己的情况，自己都惊到了，平时不记账不知道，原来自己日常的开销还不少，真担心自己将来会还不上贷款，不过看了一眼房产证上自己的名字，林一决定，继续加油工作，争取早日摆脱"房奴"的生活。

从林一年终总结的故事来看，我们每个人在生活中隔一段时间都需要总结，企业也是如此，需要将财务状况和经营状况等进行总结，向相关人员汇报，此时就需要编制会计报表了，那么，什么是会计报表呢？

会计报表

会计报表指的是对企业日常的经营核算资料加以汇总，以一定的形式进行报告的文件，具体包括"四表一注"，指的是资产负债表——反映企业财务状况、利润表——反映企业经营情况、现金流量表——反映企业现金流状况、所有者权益变动表——反映所有者权益各部分变动情况，以及附注——对报表中的事项的补充说明。当然，生活中的场景比企业所需要的报表要简单许多，一个人的资产负债表可以较好地反映这个人的财务状况，利润表则可以较好反映个人的收入支出情况，结合林一的年终总结的故事来看，我们可以通过编制资产负债表和利润表更好地反映他的真实财务状况。

资产负债表是以"资产 = 负债 + 所有者权益"这个会计恒等式来编制的，等式的左边是"资产"，也就是我们所拥有或者控制的资源，等式的右边表示这些资源从何而来，一部分是我们借别人的钱买的，叫作"负债"，另一部分是我们自己的钱买的，叫作"所有者权益"。例如，在林一的年终总结的故事里，林一拥有一套价值 100 万元的房产，但是这套房产不是他全款购买的，其中有 20 万元来自父母资助，但是因为父母属于无偿资助，这里也算作林一的，而 70 万元来自银行，银行借的钱是需要还的，属于林一的"负债"，所以只有 30 万元属于林一的所有者权益。除了房产，林一还有银行存款、微信零钱、家具家电等资产，为了更简洁而清晰地记录，我们会计里面给这些常见的项目都取了专有的名字，例如，微信零钱、支付宝中的余额等放在其他货币资金里面核算，而库存现金、银行存款和其他货币资金共同构成货币资金，那么林一目前拥有的货币资金 = 2 200 + 360 = 2 560 元，假设林一的房产是用来自住，那么就应该和家具家电一起放在固定资产里面核算，那么林一目前拥有的固定资产 = 1 000 000 + 7 000 = 1 007 000 元。林一在房东那里还有 1 000 元的押金，回头退租房东会还回来，属于其他应收款，也属于林一的资产。从负债来看，林一目前只有一项负债——房贷，我们放在长期借款项目核算。在资产负债表里面，资产一般按照是否能在 1 年以内变现分成流动资产和非流动资产，我们按照变现能力的高低来排序，流动资产在前，非流动资产在后，越是变现能力强的资产越靠前。在林一的年终总结的故事里面，货币资金的变现能力最强，其次是其他应收款，固定资产排在最后面。由此，我们可以编制出林一的资产负债表，如表 12 – 1 所示。

表 12 – 1　　　　　　　　　资产负债表

会计主体：林一　　　　2022 年 12 月 31 日　　　　　　　单位：元

资产	期末余额	年初余额	负债和所有者权益	期末余额	年初余额
流动资产：			流动负债：（无）		
货币资金	2 560	69 060	非流动负债：		

续表

资产	期末余额	年初余额	负债和所有者权益	期末余额	年初余额
其他应收款	1 000	1 000	长期借款	700 000	0
非流动资产：			所有者权益：		
固定资产	1 007 000	7 000	未分配利润	310 560	77 060
资产合计	1 010 560	77 060	负债及所有者权益合计	1 010 560	77 060

从林一的资产负债表来看，左边的资产合计 = 右边的负债 + 所有者权益合计，对比一下年初的余额，林一的资产增加 933 500 元，与此同时，负债也增加 700 000 元，所有者权益增加 233 500 元，这一年"收获颇丰"。

利润表则是根据"收入 – 费用 = 利润"这一会计等式来编制，对于企业来说，企业的利润表往往通过多步式编制得到，先通过核算日常经营活动算出营业利润，再加上非日常活动带来的营业外收入减去营业外支出核算利润总额，因为企业要缴纳所得税，还要再减去所得税费用得到净利润，而在生活场景中，我们可简化处理，采用单步式格式。我们结合林一的年终总结的故事来看，我们把林一主业带来的收入计入主营业务收入，而兼职带来的收入计入其他业务收入，林一的父母在林一买房的时候的无偿资助计入额外收入，那么收入合计 = 主营业务收入 + 其他业务收入 + 额外收入 = 93 600 + 3 800 + 200 000 = 297 400 元。我们假设日常的衣食住行水电物业等计入管理费用，那么管理费用 = 36 000 + 3 800 + 12 000 + 1 800 + 2 000 = 55 600 元，而人情往来、旅游、其他杂项等这些非日常的支出计入额外支出，则额外支出 = 2 800 + 3 000 + 2 500 = 8 300 元，假设个人所得税共计 3 500 元，那么我们可以算出利润总额 = 297 400 – 55 600 – 8 300 – 3 500 = 230 000 元。由此，我们可以编制出林一的利润表，如表 12 – 2 所示。

表 12 – 2   **利润表**

会计主体：林一   2022 年度   单位：元

项目	行次	本期金额	上期金额（略）
一、收入	1		
主营业务收入	2	93 600	
其他业务收入	3	3 800	
额外收入	4	200 000	
收入合计	5	297 400	
二、支出	6		
管理费用	7	55 600	
额外支出	8	8 300	
所得税费用	9	3 500	
支出合计	10	67 400	
三、净利润	11	230 000	

通过编制利润表我们可以看出林一今年的净利润是 230 000 元，但是其中有一个非常重要的额外收入是来自父母的无偿捐赠，这是非常偶然的事件，不可能每年都有，而林一今年的主营业务收入 – 管理费用 = 38 000 元，明年开始林一还会有一项重要的支出——房贷，每年需要 4 800 × 12 = 57 600 元，所以林一必须学会"开源节流"，依靠增加主营业务收入和其他业务收入，控制日常开支才能保证能够按时偿还贷款。

通过这两大生活中的报表编制，我们可以看出，通过报表，我们可以及时总结自己的财务状况，了解自己今后需要注意改善的地方，从而更从容地面对生活。

婚姻篇 妥妥的人生赢家

十三、林一见丈母娘的故事
——税金及附加

林一和小美偷偷谈恋爱有一段时间了，两人感情不错，便商量着要见双方家长。这天，小美回到家便和妈妈说道："妈妈，我跟您说，我有男朋友了。"

小美的妈妈之前就觉得不太对劲，女儿最近经常很晚才回家，经常回家都哼着小曲儿，于是连忙问道："他是谁？是哪里人？多大？家里几个孩子？有房有车吗？"

小美回答道："他叫林一，本市人，跟我同龄，家里独生子，有车，还没有买房。"

小美妈妈继续问道："他父母是做什么的？农村的还是城市的呀？"

小美回答道："他父母都在城市打工，他们家是农村的。"

小美妈妈眉头紧锁，又问道："那他们家有地吗？家里有没有什么资源呢？"

小美回答道："有的，他们自己没有种地，就租给别人，收点租金，其他就不知道了。妈妈，你这么关心他家里干吗？不是应该关心他这个人吗？"

小美妈妈回答道："小美，我这不是担心你吗，你以后如果要嫁给他，肯定得知道他们家的具体情况才行。那你再说说他的情况吧，他学历如何？工作如何？"

小美继续回答："他是硕士研究生，从小到大学习都很好，现在在一家大型企业做研发工程师，工资也高，差不多是我的4倍吧！"

小美妈妈又继续问道："他工资那么高，会不会花钱大手大脚？有没有什么不良的消费习惯或者嗜好？"

小美回答道："这你可放心，他自己不会乱花钱，自己的衣服都是穿得快破了才买，不过，对我却很舍得。他也没有不良的消费习惯，不抽烟，不喝酒，也不赌博，不炒股，他还经常跟我说，要勤俭节约，努力买房，为拥有属于我们的小家而奋斗！"

小美妈妈听完，语重心长地跟女儿说道："小美，本来我听完前面你说的他家里的情况，我是比较担心的，也许你会觉得妈妈势利眼，因为咱们家的家庭条件本身会比他们家好一些，但是，哪个父母不希望自己的女儿能嫁得更好一些呢？毕竟经济基础决定上层建筑，妈妈也是怕你以后会吃很多生活的苦。你看，你是爸妈捧在手心长大的，没有吃过生活的苦，自然不知道勤俭节约，平时花钱也是大手大脚，你们以后结婚过日子可是要学会量入为出、精打细算的。不过，在妈妈看来，他本人的人品和人生观、价值观更为重要，按照你的描述，他勤俭节约、努力上进，这些都是优秀的品质。这样，妈妈觉得，还是得见一见他本人，看看是不是像你说得那么好，咱们约个时间见见面再说吧！"

小美听完，高兴地回答道："好的，妈妈，您同意见面我很高兴，那我跟他约具体时间了！"

从林一见丈母娘的故事来看，小美妈妈在与女儿小美的对话中，关注到了很多问题，例如，是否有房有车、是否有地有资源等，企业在经营过程中，也会涉及房产车船等的交易等，会涉及很多税种，会计人员便设置了税金及附加这个账户，用来核算这些税费。

税金及附加

税金及附加里面包含的税种主要包括：消费税、资源税、城市维护建设税、城镇土地使用税、房产税、车船税、印花税和教育费附加等等。看起来很多，我们结合小美妈妈挑女婿时关注的问题来看，就很好记住了：是否有房有车——房产税、车船税；是农村还是城市的——城市维护建设税；是否有地有资源——城镇土地使用税和资源税；受教育程度——教育费附加；花钱和消费习惯——印花税和消费税。当然，这个故事只是帮助我们对税金及附加所核算的内容有个大致了解，具体每种税费包含的内容还需要进一步展开。

1. 房产税

房产税是以房屋为征收对象，按照房屋的计税余值或租赁收入为计税依据，向产权所有人或者经营管理人等征收的一种财产税[13]。顾名思义，房产税的征收对象是房产，它并不是一个现代的发明，而是自古有之。在欧洲，早在中世纪，封建君主为了敛财，就设立了"窗户税""烟囱税"等，而在我国，早在周代就有对商人征收的"廛布"，也就是对商人堆放货物的货仓和所住的房屋征税。

在我国，只有城里的房屋才需要缴纳房产税，农村的房屋不在房产税的征收范围内。我们国家目前对于个人非经营用的房屋是没有全面征收房产税的，只有部分城市有开展试点，未来，我们国家也有可能像许多国家一样全面征收房产税，这将影响到我们每个人，特别对于拥有多套房产的人来说，持有房产的成本会提高，这也是为什么在西方国家很多人并不倾向于购买多套房产的原因之一。我国的房产税按年计征，具体的征收方法分为从价计征和从租计征两种：

（1）从价计征是对于自用的房屋采用的计税方法，也就是说，如果房产是拿来自己用，那么，就应当采用这种方法来计征，具体的计算公式为：

全年应纳税额 = 应税房产原值 × （1 - 扣除比例） × 1.2%

这里的房产原值既包括原来买房子所花费的历史成本，也包括不可随意移动的配套设备、改扩建的成本，但是不需要扣除折旧的金额，而扣除比例是由各个地方政府自己决定的，通常在 10% ~30% 之间，比如，假设林一原来买入的房产价值 80 万元，不可随意移动的配套设备（例如中央空调、给排水、采暖等）花费 20 万元，房产所在的地区规定扣除比例是 10%，那么，林一每年应纳税额 = (80 + 20) × (1 - 10%) × 1.2% = 1.08 万元。

（2）从租计征则是对于出租的房屋采用的计税方法，也就是说，如果房产是用于出租，那么，就应该采用这种方法来计征，具体的计算公式为：

$$全年应纳税额 = 租金收入 × 12\%（或 4\%）$$

这里的 4% 是针对个人而言，12% 则是针对单位的，例如，假设林一把房子出租给小王，每个月租金 1 000 元，那么，林一每年房产税应纳税额 = 1 000 × 12 × 4% = 480 元，而如果 A 公司将房子租给 B 公司，每个月租金 20 000 元，那么，A 公司每年房产税应纳税额 = 20 000 × 12 × 12% = 28 800 元。

2. 车船税

车船税顾名思义就是对车辆和船舶的所有者或者管理人征收的一种财产税。车船税采用的是定额税率，也就是说，对于征税的车船规定单位固定税额。总体原则是：小排量的车的税费低于大排量的车，小吨位的船的税费低于大排量的船，非机动车船的税费低于机动车船。具体的税目税额表，如表 13 - 1 所示。

表 13 - 1　　　　　　　　　车船税税目税额表　　　　　　　　　单元：元

类型	税目	计税单位	年基准税额（元）
乘用车（按发动机气缸容量分档）	1.0 升（含）以下	每辆	60 ~360
	1.0 升以上至 1.6 升（含）以下		300 ~540
	1.6 升以上至 2.0 升（含）以下		360 ~660
	2.0 升以上至 2.5 升（含）以下		660 ~1 200

续表

类型	税目	计税单位	年基准税额（元）
乘用车（按发动机气缸容量分档）	2.5 升以上至 3.0 升（含）以下	每辆	1 200 ~ 2 400
	3.0 升以上至 4.0 升（含）以下		2 400 ~ 3 600
	4.0 升以上		3 600 ~ 5 400
摩托车			36 ~ 180
商用车	客车		480 ~ 1 440
	货车	整备质量每吨	16 ~ 120
专用作业车、轮式专用机械车			
船舶	机动船舶	净吨位每吨	3 ~ 6
	游艇	艇身长度每米	600 ~ 2 000

　　这里的年基准税额给定的是一个区间，具体每个地区适用的税额由地方政府规定。例如，我们假设林一买了一辆发动机气缸容量为 1.6 升的家用小汽车，当地规定的年基准税额是 480 元，那么，林一每年要缴纳的车船税税额即为 480 元，而如果林一买的是一辆商用的货车，整备质量是 3 吨（这里的整备质量其实就是汽车装备完整，加满油后的空车重量），当地规定的年基准税额是整备质量每吨 50 元，那么，林一每年要缴纳的车船税税额 = 3 × 50 = 150 元。从车船税的税目税额表我们可以看出，我们国家比较推崇节能环保，如果林一买的是一辆发动机气缸容量为 4.8 升的车，那么每年要缴纳的车船税税额就会高达 3 600 ~ 5 400 元，这就增加了用车的成本。并且，我们国家对于新能源的车船，是免征车船税的，对于节能汽车，也是减半征收车船税。所以，出于节能环保和减少后期用车成本的角度，我们在选购车船的时候，应尽量选择新能源或者节能的车船。

　　3. 城市维护建设税

　　城市维护建设税顾名思义就是为了城市的维护建设而征收的税，它是以纳税人实际缴纳的增值税、消费税税额为计税依据，依法计征的一种税，是一种附加税。也就是说，如果纳税人有缴纳增值税和消费税，那么，就需要按照一定的比例同时缴纳城市维护建设税。具体的计算公式为：

$$应纳税额 =（实缴增值税 + 消费税）\times 适用税率$$

适用税率是根据纳税人所在的地区来确定的，如果纳税人在市区，对应的是7%的税率，如果纳税人在县城或者镇，对应的税率为5%，如果纳税人既不在市区也不在县城或者镇，对应的税率则为1%。例如，我们假设林一实际缴纳的增值税是 10 000 元，消费税是 3 500元，林一所在的地区属于市区，那么，林一的应纳税额 =（10 000 + 3 500）×7% = 945 元。

城市维护建设税虽然是个小税种，但是和我们每个人的幸福生活息息相关，近几年，我们可以看到所在的城市建设了很多景色宜人的公园，城市的市容市貌也在日益改善，这些都离不开城市维护建设税。除此之外，城市维护建设税还可以用于美丽乡村的建设，因为我们国家将城市维护建设税纳入一般预算，是由财政部统一筹划的，可以用于改善乡村的人文居住环境，所以我们看到有些乡村风景优美，公园、锻炼场所随处可见，甚至比城市更为宜居，可以说，城市维护建设税功不可没。

4. 土地使用税

土地使用税又叫城镇土地使用税，顾名思义，也就是使用在城镇里的土地需要交的税，在农村土地则不用交。具体来说，对于使用城镇土地的单位和个人，要以实际占用的土地面积为计税依据来计算征收。具体的计算公式为：

$$年应纳税额 = 实际占用应税土地面积 \times 适用税额$$

适用税额根据所在城镇的不同等级有所不同，具体税额如表13-2所示。

表 13-2 土地使用税年应税额 单元：元/平方米

类型	应税额
大城市	1.5~30
中等城市	1.2~24
小城市	0.9~18
县城、建制镇、工矿区	0.6~12

假设林一在某中等城市实际占用了 1 000 平方米的土地，当地规定每平方米的应税额是 20 元，那么，林一的土地使用税的年应税额 = 1 000 × 20 = 20 000 元。城镇土地使用税对于一部分单位可免征，例如，国家机关、事业单位、军队、公园等自用的土地可以免征土地使用税，但是对于这些单位的生产、营业用地则没有免税。例如，公园门口的小卖部就不属于免征的范围，它占用的土地就需要交纳土地使用税。

5. 资源税

资源税是对在我国境内开发应税资源的单位和个人征收的一种税，这里的资源主要指的是矿产和盐类资源，矿产包括能源矿产、金属矿产、非金属矿产、水气矿产，我们日常生活中常见的天然气、煤、宝石、玉器、矿泉水的开采都是属于资源税的征税范围。资源税的应纳税额核算有两种计算方式：第一种是从价定率，也就是按照销售金额乘上相应的比例，公式为：应纳税额 = 应税矿产品的销售额 × 适用的比例税率。例如，某矿产公司销售额为 100 万元，假设当地适用的比例税率为 3%，那么，应纳税额 = 100 × 3% = 3 万元。第二种是从量定额，也就是按照销售量乘上定额税率，适用于石灰岩、砂石、矿泉水等，公式为：应纳税额 = 应税矿产品的销售量 × 适用的定额税率。例如，某采石厂销售额为 1 000 立方米，当地适用的定额税率为 1 元/立方米，那么，应纳税额 = 1 000 × 1 = 3 000 元。

人类社会的经济发展离不开对各种自然资源的消耗，对开发应税资源的单位或者个人征税可以在一定程度上限制资源的过度开发。资源有限，而人类的欲望无限，如何能在经济社会发展与资源的合理开发之间寻求平衡，是值得我们思考的问题。我们国家对于那些有利于环境保护、促进资源节约利用的情形可以申请减免资源税，这也能在一定程度上促进相关单位和个人朝着环保、节约的方面去作出改变，为当地的高质量发展赋能。

6. 教育费附加

教育费附加是为了发展地方教育事业的预算外资金。它和城市维护建设税一样，是一种附加的费，以纳税人实际缴纳的增值税、消费税税额为依据计算。具体的计算公式为：

$$教育费附加 = （实缴增值税 + 消费税）\times 3\%$$

例如，某企业实际缴纳的增值税为 100 000 元，消费税为 20 000 元，则需要缴纳的教育费附加 = （100 000 + 20 000）$\times 3\%$ = 3 600 元。

教育费附加由税务局负责征收，但是实际是由教育部门使用，是一种专项资金，它可以用来开展文学、艺术、科普、体育、心理健康等素质教育活动，也可以开展教育教学改革活动，改善中小学的教育设施及办学条件。教育费附加看似渺小，但它也真真切切地改变了我们许多学校的面貌，它可能变成了这些学校的一本本书，或者一个个运动器材，总之，它默默地为我国的教育事业添砖加瓦。

7. 印花税

印花税指的是什么？是只要有印花的地方都要交税的意思吗？初次接触到印花税这个名称的人一定对这个名称摸不着头脑。它不像其他税种能从名称上就能知道大致是对什么征税，其实，它是对经济活动中书立、领受、使用具有法律效力的凭证的行为所征收的一种税。通俗地说，就是想要政府在各种合同上、证上盖章，使这些合同、证具有法律效力，那么就得花钱盖个印章。当然，实际上我们不是盖章，而是贴个印花税票，类似于邮票。要理解印花税，我们首先得来看看印花税的历史。

公元 1624 年，荷兰政府出现了经济危机，迫切希望通过增加税收来解决财政困难的问题，但是又害怕税负过重遭到人民的反对，于是，便以公开招标的方式，重金悬赏，希望有人能设计出新的税收方案。而与此同时，荷兰当时的经济贸易活动相当活跃，但是法律却不是很健全，人们在日常经济活动中经常会签订契约或者借贷合同，而在后续合同或者契约的履行过程中可能会产生很多争议，人们迫切希望能找政府来做见证人，公开承认合同或者契约的法律效力，这样就能在日后发生纠纷的时候，得到相应的法律保障。于是，就有人提出，不如就由政府在这些合同、凭证上盖印，使其具有法律效力，顺便收一点税，这样可谓一举两得。就这样，印花税应运而生，成为人们乐于接受的税种。印花税的征收，让荷兰政府的腰包鼓了起来，从而开始大规模地扩充武器装备和殖民地，取代西班牙成为当时的海上霸主。

为什么叫印花税？因为当时使用刻花的滚筒在凭证上盖"印花"戳，所以就得名"印花税"。印花税开始采用的是盖"印花"戳的方式表示已经交完税，后来邮票被发明出来，人们发现也可以通过设计类似于邮票的印花税票，将这些印花税票贴在应税凭证上以代表交完税，这种贴印花税票的方式已经被普遍使用。印花税被认为是一种优良的税种，因为它只对富人征收，并且税源广泛，税负不高，人们较容易接受，而且政府征税的成本也很低。看到荷兰的成功经历，其他国家也纷纷开始效仿。

我们国家是在 1912 年北洋政府公布《印花税法》才开始征收印花税，新中国成立以后，我国先后于 1950 年发布《印花税暂行条例》（1958 年废止），1988 年发布《中华人民共和国印花税暂行条例》（2022 年废止），直到 2021 年 6 月 10 日，《中华人民共和国印花税法》在十三届全国人大常委会第二十九次会议上通过，并于 2022 年 7 月 1 日开始实施。现在各个国家的印花税所规定的应税经济凭证也比当初的合同宽泛许多，而且和我们的生活息息相关。例如，我们日常生活中常见的买卖合同、借款合同、租赁合同，我们买房后领取的不动产权证书，开公司需要的营业执照，日常买卖股票等都属于印花税的征税范围。

印花税的应纳税额的计算方法有两种。一种是从价计征，也就是按照一定的金额乘以适用税率，我们常见的买卖合同就是属于这一类，它的计算公式为：应纳税额＝价款×适用税率。假如，甲公司和乙公司签订了一份买卖合同，合同上约定支付的价款为 20 000 元，适用的税率为 0.3‰，那么，需要缴纳的印花税税额＝20 000×0.3‰＝6 元。另一种是按件贴花，这主要是针对权利、许可证照而言。例如，我们常见的不动产权证书，就是按件贴花。它的计算公式为：应纳税额＝应税凭证件数×定额税率（5 元/件）。例如，林一买了一套商品房，去不动产登记窗口领不动产权证书的时候就需要缴纳印花税，一本 5 元。

别看印花税的税率较低，2021 年全国税收收入 172 731 亿元，其中印花税 4 076 亿元，同比增长 32%。而其中，证券交易印花税 2 478 亿元，同比增长 39.7%。印花税虽然税率较低，但是积少成多，印花税也能为我国财政带来较多的收入。

8. 消费税

消费税是对所有消费品征税吗？其实，我们从它的定义就可以看出来，不是的。消费税是对特定消费品和消费行为征收的税种。那么，哪些消费品属于需要征收消费税的应税消费品呢？其实，大致可以分为男人爱的、女人爱的和小孩爱的三大类：男人爱的有烟、酒、小汽车、高档手表、高尔夫球、游艇等；女人爱的有高档化妆品、贵重珠宝及首饰等；小孩爱的有鞭炮焰火、涂料等。消费税的征税科目较多，也较为复杂，我们将在后面的章节里面单独介绍。

从税金及附加的核算中我们可以看出，税金及附加核算的税费除了消费税外往往都是相对较小的税种，而我国税收的几个大户：增值税、企业所得税、个人所得税等均不在这个账户核算，下面我们将重点展开介绍。

十四、林一摆摊的故事

——增值税

　　林一和小美谈恋爱有一段时间了，两人感情甜蜜，小美经常给林一做各种甜品，蛋糕、饼干等等，味道可口，甚至比外面很多店里都要美味，林一有时会分享给邻居朋友们，大家也都赞不绝口。林一和小美便想到，可以通过业余时间兼职做甜品来赚钱，为他们结婚买房做准备。林一负责采购和营销宣传，到门口的超市买鸡蛋、糖、面粉等原材料，小美负责做蛋糕，他们主要通过在小区、学校门口摆摊的方式售卖。小美做的蛋糕很快就卖完了，他们算了一下账：买各种材料花费 1 130元，卖蛋糕收到 2 260 元，但是这 2 260 元不能全部放兜里，得交 130元的税，所以真正赚的钱是 1 000 元。第一天摆摊就赚了 1 000 元，林一和小美很受鼓舞，决定以后有空的时候都兼职卖甜品赚钱。

　　从林一摆摊的故事来看，林一虽然卖蛋糕收到了 2 260 元，但是得交 130 元的税，那么，这里的税收是什么呢？具体的税额又是如何计算的呢？这就涉及增值税的内容了。

增值税

　　增值税就是对增值额征收的税，是以商品、劳务、服务在流转过程中产生的增值额为计税依据而征收的一种流转税，也是我们国家的第一大税，自从 2016 年全面"营改增"以来，增值税的税收收入稳居第一。很多人第一次听到增值税感觉跟自己没有关系，自己平常生活中也用不到。那么，增值税真的跟我们普通消费者没有关系吗？究竟增值税是怎么征收的呢？

我们结合林一摆摊卖甜品的故事来看，假设适用的税率是 13%，林一从超市买材料花费了 1 130 元，增值税是价外税，也就是说，其中，1 000 元是价款，1 000 × 13% = 130 元，130 元是税款，因为是购进，我们称之为进项税额，而林一把材料加工成蛋糕卖出去，收到 2 260 元，其中，2 000 元是价款，2 000 × 13% = 260 元，260 元是税款，因为是销售，我们称之为销项税额，所以林一通过加工蛋糕增值的金额是 2 000 − 1 000 = 1 000 元，那么，我们要对这个增值的 1 000 元征收 13% 的增值税，也就是 1 000 × 13% = 130 元，这是最直接的算法。但是现实生活中，企业如果将每一个商品的增值额都这样一一核算，会非常麻烦，税务局也会较难判断，所以，我们往往直接用销项税额 260 元减去进项税额 130 元也可以得到需要缴纳的金额是 130 元。

我们把林一的故事延伸开来，假设超市从批发商那里进货，进货价款是 500 元，税款是 500 × 13% = 65 元，所以总共给批发商 565 元，那么，超市要交多少增值税呢？从前面的分析我们可以算出，应纳税额 = (1 000 − 500) × 13% = 65 元，而假设批发商直接从厂家那里进货，进货价款是 300 元，税款是 300 × 13% = 39 元，总共给厂家 339 元，那么，批发商的应纳税额 = (500 − 300) × 13% = 26 元，厂家从原材料的供应商那里进材料，进货价款是 100 元，税款是 100 × 13% = 13 元，总共给供应商 113 元，那么，厂家的应纳税额 = (300 − 100) × 13% = 26 元，而原材料的供应商我们假设它的成本为 0，那么，供应商的应纳税额 = (100 − 0) × 13% = 13 元，林一最终把蛋糕卖给了消费者，那么我们可以画出商品的流转图，如图 14 − 1 所示。

我们从图 14 − 1 中可以看出，商品从供应商到最后的消费者手上，经过了 5 次流转，所以每次流转的过程中都因为产生了增值需要缴纳增值税。供应商、厂家、批发商、超市、林一，每个参与者都将自己在这

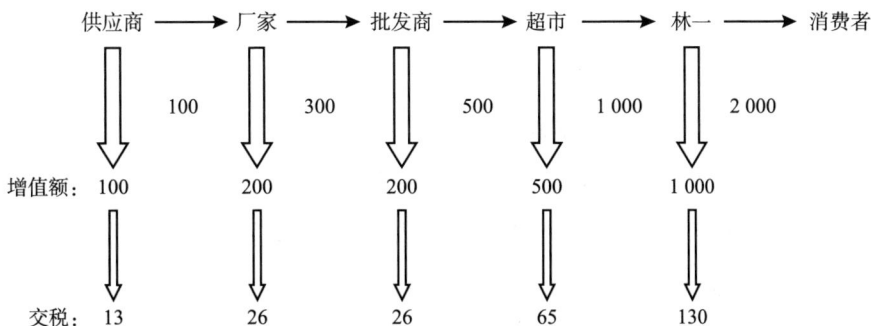

图 14 - 1　商品的流转

个商品流转过程中产生的增值税交给了税务局，那么，他们是真正的税负承担者吗？其实，他们只是增值税的"搬运工"，以超市为例，超市从批发商那里进货，价款是 500 元，但是超市还将 65 元的税款也一起交给了批发商，所以批发商拿到的总共金额是 565 元，而超市将商品卖给林一，价款是 1 000 元，但是超市总共收了 1 130 元，其中 130 元是税款，而真正进超市口袋的是 1 000 - 500 = 500 元，税款 130 - 65 = 65 元则交给了税务局，所以，超市只是帮税务局从林一那里收了税，后面又交给了税务局。那么，真正承担税负的是谁呢？其实，应该是消费者，消费者以 2 260 元的价款买了最终的商品，支付了 2 000 元的价款和 260 元的税，所以看起来好像是供应商、厂家、批发商、超市、林一交了税，但是羊毛出在羊身上，最终这些税都由消费者来买单。增值税的缴税方式就好比一个击鼓传花的游戏，花传到消费者这里鼓声就停止了，所以消费者承担了前面所有人的税负。

那么，我们平时在日常生活中为什么感受不到自己被征税了呢？因为我们平常作为消费者，往往买到商品的价格是含税价格，没有单独分开，我们只知道一袋面包 11.3 元，却不知道这 11.3 里面其实真正的价款只有 10 元，1.3 元是增值税，是要交给税务局的。生活中我们常听到"没有中间商赚差价"这样的广告词，其实，正如广告词里面说的，如果我们减少流通的环节，就可以减少中间商的差价和增值税。例如，如果林一能直接找厂家进货，就能大大减少原料的进货成本，从而降低自己的销售价格，让产品更有竞争力，而消费者也能从中受益。

在我国，增值税的纳税人分为一般纳税人和小规模纳税人两种。小规模纳税人，指的是年销售额在规定标准以下，而且会计核算不健全，不能按规定报送有关税务资料的纳税人，我们国家目前规定的标准是年应税销售额 500 万元及以下，小规模纳税人的起征点是月销售额 15 万元。也就是说，实际上，像林一这样的销售规模，其实是达不到一般纳税人的标准的，当然，我们这里也是为了列举生活中常见的例子，便于理解。对于小规模纳税人，我们采用的是简易的计税方法，实行 3% 或者 5% 的征收率。小规模纳税人往往会计核算不健全，没有办法像例子中那样算出增值税的销项税额和进项税额，所以我们也简化处理。小规模纳税人的应纳税额 = 销售额 × 征收率，而这里的销售额指的是不含税的销售额，而不含税的销售额 = 含税销售额 ÷（1 + 征收率）。例如，假设某小规模纳税人 A 公司的含税销售额是 206 000 元，征收率是 3%，那么，它的不含税销售额 = 206 000 ÷（1 + 3%）= 200 000 元，应纳税额 = 200 000 × 3% = 6 000 元。

增值税一般纳税人指的是年销售额在规定标准以上的纳税人，也就是年应税销售额在 500 万元以上的纳税大户们。增值税一般纳税人采用进项税额抵扣的方式算增值税，也就是我们在林一摆摊的故事里面所运用的方法，应纳税额 = 销项税额 - 进项税额，这里的销项税额 = 不含税销售额 × 适用的税率，进项税额 = 不含税购买价格 × 适用的税率。例如，在林一摆摊的故事里，要算出超市的应纳税额，就要先算出它的销项税额和进项税额，销项税额 = 1 000 × 13% = 130 元，进项税额 = 500 × 13% = 65 元，那么，应纳税额 = 130 - 65 = 65 元。当然，现实生活中，这些增值税一般纳税人的纳税额是非常大的。如果能够将商品销售出去，增值税会由最终的消费者承担，所以对于一般纳税人来说，增值税来也匆匆去也匆匆，自己只是一个增值税的搬运工，最终都交给了税务局，因此我们在会计核算的时候增值税是放在"应交税费"这个科目核算，而不是像"税金及附加"一样会影响当期损益。

我国增值税的税率经过了很多次调整，目前最新的一般纳税人税率为：13%、9%、6%、0%。零税率的主要为出口货物和出口服务，可见我们国家对于出口企业的支持力度。适用6%税率的主要为生活服务、现代服务、增值电信、金融和销售无形资产，例如，我们日常的餐饮、住宿、旅游、娱乐等都属于这一类，适用6%的低税率。适用9%税率的主要为交通运输、邮政、建筑、销售不动产等，以及销售一些跟满足我们基本温饱、农业生产、生活资源和满足精神需求的商品，例如，我们日常生活中常见的粮食、水、食用盐、图书、房产等，都是属于这一类。13%是基本税率，也是绝大部分销售或者进口商品适用的税率，除了销售商品，还有提供劳务以及有形动产租赁服务也都是属于适用13%税率。我们生活中的绝大部分商品除了适用9%税率的那些特殊商品外大多数都适用13%税率，例如，我们买的衣服鞋子等。这里的有形动产租赁服务我们举个例子就很好理解了，例如，生活中常见的共享汽车，汽车就是一种有形动产，提供共享汽车的租赁服务的一般纳税人所适用的税率就是13%。同样是出租汽车，但是是否配司机，适用的税率则有所不同。如果是不配司机，例如，共享汽车，我们自己开车，这就属于有形动产租赁服务，一般纳税人适用税率为13%，而如果配司机，就属于交通运输服务，一般纳税人适用税率为9%。

增值税发票有增值税专用发票和增值税普通发票之分，两者有较大的不同。首先，抵扣不同，增值税专用发票可以用来抵扣进项税额，而增值税普通发票一般不能抵扣进项税额。当然，也有例外的情况，例如，我们常见的ETC通行费和国内旅客运输电子普通发票也是可以抵扣增值税进项税额的。其次，二者联次也不一样，增值税专用发票有四联：存根联、发票联、抵扣联、记账联；而增值税普通发票只有三联，没有抵扣联。最后，使用范围不同，增值税专用发票一般由一般纳税人使用，而增值税普通发票一般为小规模纳税人使用，当然，小规模纳税人也可以向税务局申请领购使用，但是它不能抵扣进项税额。

很多人会纠结到底是做小规模纳税人好还是做一般纳税人好，其实，这要看企业是否能够取得较多的抵扣进项税额的发票，如果可以抵扣的进项税额较多，采用一般纳税人的计税方式就比较划算。不过，能作为一般纳税人，企业的自身实力肯定不容小觑，应该将主要精力放在增加企业自身的竞争实力、创造更多的利润和实现企业的社会责任上，秉持"我纳税我光荣"的原则依法纳税。

十五、林一买房的故事

——房产交易的那些税

　　林一和小美经过一段时间的恋爱，感情已经较为稳定，两人决定共同买房，步入婚姻的殿堂。买房对于两人来说可是一件大事，买哪里的房子？买多大面积？买一手房还是二手房？各自需要多少首付和税费？每个月还贷压力是否在可承受的范围内？这可难倒了林一和小美。两人经过商量决定，先了解一下所在城市的房地产行情再作决定。

　　买房之前的调研是必须的，所谓"知己知彼，百战不殆"，买房更是如此。首先得搞清楚自己的需求和实际的购买力，有的人买房是为了投资，有的人则是为了自住，林一和小美显然属于后者。两人商量，要在两人工作的城市买房，老家的房价虽然更便宜，但是两人现在的工作稳定，在工作的城市已经积累了一定的人脉资源，而且，两人工作的城市的工作机会、教育和医疗等各方面条件都比老家更好。既然确定了买房的城市，接下来，就要考虑具体的区域，对于大城市来说，不同的区域之间的房产价格可能相差很大，一般而言，位于市中心、配套成熟、有着优质教育资源或者商业中心的房子价格较高。林一和小美考虑到，两人现在的经济实力不足以买市中心的优质房产，尽管市中心也有较为"便宜"的房子，但是往往都是房龄在 20 ~ 30 年以上的"老破小"，居住体验很差，而且有些甚至不能贷款，所以果断放弃。而买稍微偏远一点的房子，首要的考虑就是通勤的便利，是否有地铁、公交车？离两人的工作单位通勤时间多久？其次还要考虑周围是否有学校，接送是否方便，因为两人计划 3 年内生孩子，8 年以内也不考虑换房，所以后续小孩上学的便利性也在考虑范围之内，毕竟接送相当耗时耗力，是每天都要面临的问题。此外，还要考虑房子的面积，两人以后可能需要父母过来帮忙带孩子，至少要3间房以上，那么70平方米以下的就不考虑了。

林一和小美来到售楼部，售楼部的人员小张热情接待了他们。结合当地的房价和两人手上的资金情况，林一和小美最终在两套房源中抉择。第一套是一手房，房产总价210万元，面积89平方米，小3间房，开发商约定的交房日期是2年后，精装修交付，周围有地铁、公交车，离林一和小美上班的地方各自大概半小时车程，小区内有幼儿园，小区对面有小学和初中（已宣布划片学区），周围也有购物中心等。第二套是二手房，房产总价200万元，面积93平方米，大2间房，可改3间房，房产满2年但没有满5年，原来的业主装修一般，林一和小美考虑到要改成3间房，需要重新装修，周围交通较为方便，离林一上班的地方略远一些，需要40分钟车程，但是离小美上班的地方近一些，大概20分钟车程，小区内没有幼儿园，最近的幼儿园、小学都需要骑车10分钟左右，购物中心也较远，需要20分钟车程。

其实从价格来看，一手房的总价和单价都要更高，但是，林一进一步了解到，一手房和二手房相比，主要有两点优势。第一个优势在于税费方面，一手房的税费较为简单，主要是契税、维修基金，而二手房的税费就复杂一些，买方需要缴纳的是契税，卖方则需要缴纳增值税和个人所得税，但是现实情况是，卖方往往将增值税和个人所得税也会转嫁到买方身上，所以200万元是卖方实际希望收到的款项，买方实际要付出的金额还需要加上契税、增值税和个人所得税，因为房产满2年可以免征增值税，那么就需要加上个人所得税和契税，大概5万元。第二个优势在于中介费方面，一手房没有中介费，二手房因为需要中介公司帮忙推荐，则需要交一定的中介费用，林一大概计算了一下，需要2万元左右。此外，由于他们想要将房产改成3间房，需要重新装修，而重新装修的费用至少也需要25万元。所以，算上税费、中介费、装修费，二手房的实际价格应该在 232 万元左右。而如果购买一手房，只需要缴纳契税和维修基金大概 3 万元，因为是精装交付，后续只需要简单添置家具家电就可入住，大概在 10 万元，不过因为交房还需要 2 年，跟买二手房自己装修相比，可能需要额外多付 1 年左右的房租，也就是 2 万元左右，所以，算上税费、房租、装修费，一手房的实际价格在 225 万元左右。不过，一手房也存在着一定的风险，因为交房时间较长，未来的不确定因素较多，开发商的承诺有可能会打折扣，而二手房则是实实在在看得见的。

　　林一和小美综合考虑再三，最后还是决定买一手房，因为考虑到一手房的契税能在后面办产权证时再交，而且二手房重新装修费用较高，占用现金流和精力。就这样，林一和小美通过共同努力，终于买了属于他们的房子，准备步入婚姻的殿堂。

　　从林一买房的故事来看，房产交易的过程中会涉及比较多的税种，普通人在买卖房产的时候除了要关注房产的价款，税费也是一项重要的影响因素。那么，生活中个人在进行房产交易时到底需要交纳哪些税费呢？

（一）房产交易相关税费

房产买卖是现实生活中困扰着大多数人的重要问题，尤其是在大城市更为突出，不同的人群在买卖房产的时候所考虑的因素不太相同。在会计里面，如果我们把房地产作为投资，那么应该计入"投资性房地产"，如果作为自用，则是作为"固定资产"核算，如果是房地产开发的企业，用于出售房产则作为"存货"核算。

对于一手房而言，涉及的主要税费比较简单，主要是契税和维修基金，对于二手房来说，就相对复杂一些了，如果是作为买方，需要缴纳"契税"，如果是卖方，则需要缴纳"增值税及附加税"和"个人所得税"，但现实生活中，卖方往往会将需要缴纳的税费转嫁到买方这里，所以如果涉及二手房买卖，相关税费也是我们需要考虑的重要因素。下面，我们从契税开始展开。

（二）契税

契税指的是不动产（土地、房屋）产权发生转移的时候，就当事人所订立的契约按照产权价格的一定比例向新业主征收的一次性税收[14]。契税，是对契约征收的税，是由财产承受人来缴税，这里之所以叫作财产承受人，是因为我们取得财产不只有买卖的方式，还有可能通过赠送、交换等方式，只要发生了所有权的转移，财产的承受人就要依法缴纳契税。现实生活中，如果我们买房，就要缴纳契税。

契税是一个古老的税种，我国的契税最早可以追溯到东晋时期，那时候叫作"估税"，按照当时的规定，凡买卖田宅、牛马、奴婢，如果立了契约的，每 10 000 钱政府征收 400 钱，其中卖方交 3%，买方交 1%。而到了北宋时期，开始征收印契钱（本质上是税），规定由买方缴纳。我们国家于 1950 年就发布了《契税暂行条例》，规定土地、房屋的买卖、典当、赠与和交换都要征收契税。后来我国完成社会主义改造后，土地禁止买卖和转让，土地契税也就停止征收，直到改革开放以后，1990年全国的契税征收才全面恢复。1997年《中华人民共和国契税暂行条例》开始发布并实施，2021年9月《中华人民共和国契税法》才开始施行。

契税涉及的权属转移行为，不仅包括房屋的买卖、赠与、互换，还包括土地使用权的出让和转让。所谓土地使用权的出让，指的是国家将土地使用权出让给单位或者个人，而土地使用权的转让，则指的是单位或者个人之间的转让。契税的税率在3%～5%之间浮动，不同地区可根据不同情况确定差别比例税率。契税的应纳税额＝计税依据×税率。就个人房产买卖而言，税率目前的具体规定如下：如果买方是首套房，那么，90平方米以下（含90平方米）对应的税率是1%，90平方米以上（不含90平方米）对应的税率是1.5%；如果是第二套房，90平方米以下（含90平方米）对应的税率是1%，90平方米以上（不含90平方米）对应的税率是2%；如果是第三套房及以上，无论大小税率都为3%。

我们结合林一买房的故事来看，林一如果买含税价款为210万元，面积为89平的一手房，那么应纳税额＝2 100 000÷（1＋9%）×1%＝19 266元，而一手房还需要缴纳维修基金，各个地区的维修基金标准不一样，一般多层住宅不带电梯的按60元/平方米收取，带电梯的按90元/平方米收取，小高层、高层按照145元/平方米收取，我们假设林一买的是高层，那么维修基金＝145×89＝12 905元，那么林一买一手房需要缴纳的税费为：19 266＋12 905＝32 171元。如果林一买含税价款为200万元，面积为93平方米的二手房，那么应纳税额＝2 000 000÷（1＋9%）×1.5%＝27 523元，所以尽管面积只差4平方米，但是税费却相差很大。从节约契税的角度，如果购房面积在90平方米左右，还是90平方米以内的房子更具性价比。

（三） 增值税及附加税

如果购买的二手房不动产证不满 2 年，则卖方需要缴纳增值税及其附加税，增值税及附加税的税率为 5.6%，具体的计算公式为：应纳税额 = 房屋的计税价 ÷（1 + 5%）× 5.6%，我们以林一买房的故事来看，林一需要缴纳的增值税及其附加税的金额 = 2 000 000 ÷（1 + 5%）× 5.6% = 106 667 元，税费相当高，而普通住宅满 2 年则可以免征增值税。之所以这样规定，也是为了贯彻"房住不炒"的政策，通过增加税收来限制短期炒房的行为。所以，我们在购买二手房的时候也最好优先选择满 2 年的房产。

（四） 个人所得税

二手房买卖中的个人所得税应该由卖方承担，一般来说，有两种征收方式：

第一种是查账征收，也就是说，如果能够提供完整、准确的有关凭证，能够正确计算应纳税额的，就按照这种方式征收，具体来说，个人所得税 =（计税价格 - 房屋原值 - 原契税 - 本次交易所缴纳税等合理费用）× 20%。我们以林一买二手房的例子来看，假设林一所购的二手房原值、原契税、相关税费等合计 180 万元，那么，卖方需要缴纳的个人所得税 =（2 000 000 - 1 800 000）× 20% = 40 000 元。第二种是核定征收，也就是说，如果卖方不能提供完整、准确的有关凭证，不能够正确计算应纳税额的，就按照这种方式，具体来说，个人所得税 = 计税价 × 1%。结合林一买二手房的例子来看，卖方需要缴纳的个人所得税 = 2 000 000 × 1% = 20 000 元。我们可以看出，两种征收方式算出的税费相差较大。

对于不动产证满 5 年且是属于卖方唯一住房的，可以免除个人所得税，所以，在二手房买卖中，这种满 5 年且唯一的房子是比较受欢迎的。

十六、林一婚礼的故事

——消费税的那些事儿

　　林一和小美终于要结婚啦！双方父母见面，定好了结婚的日子和礼金等事项，两家人便开始紧锣密鼓地筹备起来。拍婚纱照、订礼服、确定宾客名单、订酒店、订随手礼、预定婚庆公司、确定婚礼流程、布置婚房……为了布置婚房，林一的爸妈还将老房子重新装修了一番，铺上实木地板，墙壁柜子重新涂油漆，两家人都忙得不可开交，毕竟婚礼只有一次，虽不求奢华，但两家人都希望在能力范围内尽善尽美。

　　婚礼当天，林一和小美早早就起床，化妆师给小美化上了精致的新娘妆，小美戴上林一送的各种首饰、戒指，穿上漂亮的礼服，等待林一的新郎团来"接亲"。林一这边也是早早准备，带着自己的伴郎团开着小轿车来接亲，一到小美家，家人们就放起鞭炮以示欢迎，欢迎过后小美的伴娘团就开始以各种游戏"为难"新郎团了，经过"重重关卡"，林一终于将小美接到家，两人在家中举办了婚礼的重要仪式——向父母和长辈们敬酒，当然，父母和长辈们也准备了大大的红包和各种金银首饰作为回礼。在家里的仪式办完，新人们便转战到今天的主战场——酒店，在这里迎接亲朋好友的到来。酒店布置得很温馨，餐桌上摆放了各种饮料酒水和为亲友们准备的随手礼，细心的林爸爸还给每桌安排了一位"桌长"，负责帮忙组织本桌人员就座，为了感谢桌长，林爸爸还给每位桌长单独分发了"烟"或者"香水"作为礼物。

　　婚礼顺利进行，林一和小美在亲朋好友的见证下交换戒指，发表爱的誓言。仪式结束，两位新人和父母一起向所有亲朋好友敬酒。大屏幕上滚动播放着新人的成长照片和结婚照片，其中，林一和小美站在游艇上表演"泰坦尼克号"里面的"杰克和罗丝"的照片逗得大家合不拢嘴，因为两人故意角色互换，林一穿着女装扮演"罗丝"，画面相当搞笑，让人忍俊不禁。就这样，在亲朋好友的欢声笑语中，林一和小美的婚礼顺利结束，两人脸上洋溢着幸福的笑容。

从林一婚礼的故事来看，我们会发现，办一场婚礼，需要消费很多需要交消费税的商品：烟、酒、小汽车、高档化妆品、贵重首饰及珠宝玉石、鞭炮等等，这些都属于要交消费税的商品。那么，消费税是什么呢？是对所有消费品都要征税吗？

消费税

其实，消费税的消费跟我们平时所理解的消费不太相同，它是针对特定的产品征收的一种税，也就是说，只有列出来的部分产品需要交消费税。那么，到底哪些属于消费税的应税消费品呢？

目前，我们国家规定消费税的税目主要有：烟、酒、成品油、高尔夫球及球具、高档手表、游艇、摩托车、小汽车、木质一次性筷子（男人爱的）；高档化妆品、贵重首饰及珠宝玉石（女人爱的）；鞭炮焰火、实木地板、电池和涂料（小孩爱的）。

消费税的计征分为从量计征、从价计征和复合计征三种。从量计征就是根据数量征收，主要适用于啤酒、黄酒和成品油，具体的计算公式为：应纳税额＝销售数量×单位税额。例如，某企业生产黄酒，本月销售数量为400吨，黄酒的单位税额为240元/吨，那么，该企业的应纳税额＝400×240＝96 000元。从价计征就是根据销售额征收，适用于除了从量计征和复合计征以外的其他项目，也就是大多数的项目，具体的计算公式为：应纳税额＝销售额×比例税率。例如，某企业生产高档化妆品，本月不含税销售额为100 000元，高档化妆品对应的比例税率为30%，那么，该企业的应纳税额＝100 000×30%＝30 000元。复合计征是既从价又从量，适用于卷烟和白酒，应纳税额＝销售数量×单位税额＋销售额×比例税率。例如，某白酒生产企业白酒的不含增值税的出厂价是1 200元，每瓶白酒重量为1斤，白酒的单位税额为0.5元/斤，比例税率为20%，那么，该企业白酒每瓶的应纳税额＝1×0.5＋1 200×20%＝240.5元。

消费税和增值税有很多相同的地方，例如，都属于流转税、都是间接税，但是，两者也有很多不同的地方。首先，两者的征税范围不同，增值税是对所有商品或者劳务等都普遍征收，而消费税则是只有特定的消费品或者消费行为才征收。其次，两者与价格的关系也不同，增值税是属于价外税，而消费税是属于价内税，例如，假设某企业生产高档化妆品，本月不含税销售额为50 000元，增值税税率为13%，消费税对应的比例税率为30%，那么，增值税税额＝50 000×13%＝6 500元，这部分为价款之外的金额，应找下游批发商收取的货款＝商品价款＋增值税税额＝50 000＋6 500＝56 500元，而消费税税额＝50 000×30%＝15 000元，这部分为价内税，不应找下游批发商收取，而是由生产企业交给税务局，所以，下游批发商真正的含税价款为56 500元。再其次，两者的纳税环节不同，消费税是单一环节征收，一般是生产、进口和委托加工时征收，而增值税则是在所有的流转环节都要征收，不管是生产、批发、零售，只要有增值就要交增值税。最后，两者的计税方法也不一样，增值税按照一般纳税人和小规模纳税人来分别计算各自的税费，而消费税则是按照不同的应税消费品来计算，分为从量计征、从价计征和复合计征三种。

消费税的本质其实并不是鼓励消费，恰恰相反，是为了遏制对于那些应税消费品的消费，增加一种税收，其实就增加了产品的成本。消费税和增值税一样，都属于流转税，最终税收都由消费者来承担。那为什么我们在生活中没有感受到消费税呢？这主要是因为消费税主要是在生产、进口、委托加工等环节进行征收，只有金银首饰、钻石铂金是在零售环节进行征收。我们观察一下消费税的税目就会发现，加征消费税的消费品要么属于高档奢侈品——高尔夫球及球具、游艇、小汽车、高档手表、高档化妆品、贵重首饰及珠宝玉石；要么有害身体健康——烟、酒；要么消耗资源污染环境——成品油、摩托车、木质一次性筷子、鞭炮焰火、实木地板、电池和涂料，这和我们国家倡导的勤俭节约、珍惜资源、保护环境的理念是背道而驰的，所以通过加征消费税来限制其消费也就不足为奇了。

十七、林一婚后生活的故事
——个人所得税

    林一和小美结婚后不久就生了一个可爱的宝宝，叫点点，点点的到来给全家人带来了许多欢乐，但是，欢乐的同时，林一和小美明显感到，自从生了点点以后，生活开支便增加不少：奶粉、纸尿裤、各种衣服玩具，还有各种早教课程……难怪生孩子之前听别人说小孩就是一台"行走的碎钞机"，林一和小美这才有所体会，感到压力增加不少，每个月除了要还房贷，还要给父母一定的赡养费，还有小孩的养育支出，两人再也不能像之前那么潇洒地随意花钱了，开始精打细算地过日子。

    林一和小美商量："亲爱的，不如我们看看能不能找点副业做一做，增加点收入？"

    小美立马响应："好呀，我也觉得，我们要想办法开源节流。这样吧，因为点点还小，比较需要我来照顾，所以，暂时就由你来负责开源，想办法多挣钱，我来负责节流，管理好家庭开支，你看如何？"

    林一回答道："好的，我看行。我听朋友说他们公司有时候会需要请人去做一些培训，培训的内容刚好跟我的专业相关，可能以后我得利用周末的时间去做培训挣点奶粉钱，家里的事情就需要你来多承担一些，辛苦你了，老婆，我会给你买礼物的。"

    小美回答道："礼物就先不必了，培训费上缴就行。还有个事情，我觉得我们是不是考虑把现在的车先卖掉呢，我主要考虑到，其实现在的车我们平时用的机会不多，上下班我们都是乘坐地铁和公交，也更方便，只有偶尔节假日出行才会用到车，而且有车就必须租车位，还有平时加油、洗车、外出停车费，一年一次的保养，保险费等，这些费用七七八八加起来肯定比打车贵多了，何况现在打车软件也挺方便的，你觉得呢？"

林一想了想，回答道："对，你说得有道理，我们还可以看看把卖车的钱拿去做点投资，说不定还有一定的利息收入呢。现在国家也在提倡节能环保，咱们尽量绿色出行，等以后有需要了，再买一辆新能源汽车吧！"

小美知道林一心里肯定有些不舍，毕竟男人对于车的感情也是会比女人多一些的，但是，眼下林一同意卖车，说明了他对于家庭的实际需要更为看重，小美很是感动，立马回答道："好的，到时候还是你来挑哈，相信你的眼光！对了，我听说最近国家又出台了个人所得税的专项附加扣除政策，像咱们这样刚生宝宝不久的好像也可以扣除了，你回头问下你们单位的财务要怎么弄，好像可以少交点个人所得税呢。"

林一回答道："好的。"

就这样，两人按照定下的方案努力着。一年下来，两人在一起盘点这一年的收获：林一在本单位的工资薪金收入为 138 500 元，在朋友公司做培训收到劳务报酬 15 800 元，林一还利用工作之余发明了一项专利，被一家公司看中，获得了 30 000 元的特许权使用费收入。林一将车卖了，收到 58 000 元，他将钱存入银行购买了国债，获得了 1 943 元的利息收入。最意外的是林一有次等车无聊的时候就顺便买了张福利彩票，竟然中了 20 000 元，林一知道中奖后开心地从床上蹦下来，结果扭到了脚，花了 2 000 元医药费，真是福祸相依。此外，林一还问了一下单位财务，发现自己竟然符合三项专项附加扣除政策：还房贷、赡养父母、婴幼儿看护，这样扣除一下，自己的个人所得税确实减少很多。而小美这边，单位的工资薪金收入为 68 300 元，小美在带孩子的过程中关注了很多育儿公众号，利用闲暇时间将自己的育儿心得整理下来投稿，竟然得到了 1 000 元的稿酬，这让小美很受鼓舞，准备以后继续写作，看看能不能开启另一项副业。

从林一和小美的婚后生活来看，结婚之后，两人面临着生活的压力，需要学会精打细算地过日子，两人总结了各自的收入情况，里面涉及了一个和我们个人息息相关的税种——个人所得税。

（一）个人所得税

个人所得税，顾名思义，就是针对个人所得所需缴纳的税，是和我们每个人息息相关的税种，这里的个人，不仅包括居民纳税人，也包括了非居民纳税人。居民纳税人包括两种：一种是境内有住所的，另一种是虽然在我国境内没有住所但是在一个纳税年度内居住累计满了183天的，这里所谓的一个纳税年度指的是从公历1月1日到12月31日，也就是说一年之内在我们国家居住超过了一半的时间。居民纳税人不管是在我国境内还是在国外取得的所得额都要缴纳个人所得税。而非居民纳税人也包括两种：一种是在我国境内没有住所又不居住，另一种是在我国境内没有住所而且一个纳税年度内居住累计不超过183天，也就是说在我国居住没有超过一半的时间。非居民纳税人只需要对在我国境内取得的所得额缴纳个人所得税[15]。

我们国家的个人所得税法从1980年立法以来经历了七次修正，免征额从最初的800元调整到5 000元，税级也从5%～45%的六级调整为3%～45%的七级。那么，哪些个人所得是需要缴纳个人所得税的呢？我们结合林一的故事来看，具体包括：

1. 工资薪金所得

这里的工资薪金所得，指的是个人因为任职或者受雇所取得的工资、薪金、奖金、年终加薪、津贴、补贴等与任职或者受雇相关的所得。通俗地说，就是上班所取得的。例如，林一在某单位上班，取得的138 500元，小美从工作的单位取得的68 300元，都属于工资薪金所得。

2. 劳务报酬所得

劳务报酬所得，指的是个人因为从事劳务获得的所得，具体包括很多方面，比如从事设计、安装、法律、会计、讲学、翻译、表演等。例如，林一给朋友的公司做培训，提供了相关的讲学服务，获得的 15 800 元就属于劳务报酬所得。我们日常生活中，也经常会碰到需要别人帮忙安装、设计的情形，这些都属于劳务报酬所得。

3. 稿酬所得

稿酬所得，指的是个人因作品以图书、报刊等形式出版、发表而取得的所得。例如，小美通过给公众号写文章，文章发表而取得的 1 000 元就是稿酬所得。

4. 特许权使用费所得

特许权指的是专利权、商标权、非专利技术等，个人提供这些特许权的使用权，取得的所得就是特许权使用费所得。例如，林一将自己的专利转让给某公司使用，所获得的 30 000 元的使用费就是特许权使用费所得。

5. 经营所得

经营所得包含的范围较为广泛，包括个体工商户或者个人从事生产、经营活动取得的所得，个人独资企业的投资人、合伙企业的个人合伙人在境内注册的个人独资企业、合伙企业生产、经营的所得等等。例如，小美开了一家蛋糕店，属于个体工商户，那么蛋糕店所取得的所得就属于经营所得。

6. 财产租赁所得

财产租赁所得则是指个人将不动产、车船、机器设备等出租而取得的所得。例如，林一将老家的房产出租，获得的租金收入就属于财产租赁所得。

7. 财产转让所得

财产转让所得是的是个人将有价证券、股权、合伙企业中的财产份额、不动产、车船、机器设备等转让而取得的所得。例如，林一将原来的车卖了，收到的 58 000 元就属于财产转让所得。

8. 利息股息红利所得

利息股息红利所得则指的是个人拥有债权或者股权等所取得的利息、股息或者红利所得。例如，林一将卖车的钱存入银行购买了国债，取得的国债利息就属于利息股息红利所得，不过，我们国家对于购买国债获得的利息收入是免征个人所得税的。

9. 偶然所得

偶然所得就是指个人得奖、中奖、中彩票等偶然因素取得的所得。例如，林一中彩票所获得的 20 000 元就属于偶然所得。

根据我国的税法规定，第 1～4 项所得，称为综合所得，居民个人需要按照纳税年度合并计算个人所得税，我们还是以林一为例，假设林一属于我国居民，林一在 2022 年的 1 月 1 日至 12 月 31 日之间，获得了第 1 项工资薪金所得、第 2 项劳务报酬所得和第 4 项特许权使用费所得，那么，他在计算 2022 年的个人所得税的时候，就要将第 1、第 2、第 4 项的分项金额合计来计算。不过，如果林一是非居民，那么，他的第 1、第 2、第 4 项所得，就直接按月或者按次分项计算个人所得税。而第 5～9 项所得，则不区分居民和非居民，都是按照规定分别计算个人所得税的。

（二）综合所得的应纳税额计算

目前，我们国家对于综合所得，采用的是由扣缴义务人平时按月或者按次预扣缴税款，第二年的 3～6 月再进行汇算清缴的方式来进行，也就是说，如果有单位作为扣缴义务人，那么，平时我们的个人所得税由单位帮忙代扣代缴，因为综合所得是按年计算所得额，如果有从多处获得所得，出现累计应纳税额小于累计预缴税额的情况，那么，就需要在第二年的 3～6 月进行汇算清缴办理退税了。

那么，究竟如何计算综合所得的个人所得税呢？综合所得由工资薪金所得、劳务报酬所得、稿酬所得和特许权使用费所得构成。每种所得计算收入额的方式不太一样。工资薪金的收入额＝工资薪金额，以林一为例，2022 年，林一的工资薪金收入额＝138 500 元。而劳务报酬收入额＝收入×（1－20%），也就是说，林一 2022 年的劳务报酬收入额＝15 800×（1－20%）＝12 640 元。稿酬的收入额＝收入×（1－20%）×70%，林一没有稿酬收入，而小美有，小美的稿酬收入额＝1 000×（1－20%）×70%＝560 元。特许权使用费的收入额＝收入×（1－20%），那么，林一 2022 年的特许权使用费的收入额＝30 000×（1－20%）＝24 000 元。由此，我们可以计算林一 2022 年综合所得的收入额＝138 500＋12 640＋24 000＝175 140 元。

那么，是不是对于这 175 140 元的综合所得的收入额都要征收个人所得税呢？其实，还需要扣除四项：费用、专项扣除、专项附加扣除和其他扣除。费用指的就是我们平常所说的每个月 5 000 元的起征点，也就是说，这 5 000 元是免税的，每个月是 5 000 元，那么，每年就是60 000 元。专项扣除指的是我们个人每个月自己所交的"三险一金"，即：基本养老保险、基本医疗保险、失业保险和住房公积金。这部分一般由单位代扣代缴，所以我们每个月实际到手的工资往往是扣除了这"三险一金"的。我们假设林一所在单位给他代扣代缴的"三险一金"为 31 220 元。专项附加扣除，目前包括子女教育、继续教育、大病医疗、住房贷款利息、住房租金、赡养老人以及三岁以下婴幼儿照护、个人养老金这几种，这主要是考虑到不少像林一这样的家庭，上有老人需要赡养，下有小孩需要养育，还要租房或者还房贷，偶尔生个大病或者求学继续教育对于家庭来说都是比较大的支出，所以在税收方面给予了一定的照顾。其他扣除则包括个人缴付的企业年金、职业年金、商业健康保险等符合国务院规定的其他项目。

专项附加扣除里面涉及的项目较多，我们还是结合林一的故事来看：

1. 子女教育

子女教育针对的是孩子满 3 岁至博士研究生毕业期间接受的各阶段教育，包括学前教育、义务教育、高中阶段教育、高等教育等，其扣除标准是每个子女每年 12 000 元（每月 1 000 元），如果是 2 个，那么就是每年 24 000 元（每月 2 000 元），以此类推，父母双方可以选择其中一方 100% 扣除，也可以选择双方各自按照 50% 扣除，但是一经确定，在一个纳税年度内不能变更。一般来说，这里会涉及纳税筹划的问题，实际生活中，我们往往会选择收入较高的一方 100% 扣除，因为对于收入较低的一方来说，是否扣除这 12 000 元，可能对于其纳税金额不会影响太多，而对于收入较高一方来说，可能会影响较大。林一和小美的故事里，他们的孩子刚出生不久，未满三岁，所以不符合这项条件。

2. 继续教育

继续教育既包括学历（学位）继续教育，又包括专业技术人员职业资格继续教育、技能人员职业资格继续教育。学历（学位）继续教育也就是我们可以通过自考、成人教育、网络教育等方式提升自己的学历，或者读在职研究生、在职博士等，在接受继续教育期间，可以按照每年 4 800 元（每月 400 元）的标准来进行扣除，但是统一学历（学位）的扣除期限有所限制，不能超过 48 个月。而接受职业资格继续教育的支出，则是在取得证书的当年，按照 3 600 元的定额来扣除。职业资格继续教育包括专业技术人员职业资格继续教育和技能人员职业资格继续教育两种，我们生活中常见的教师资格、导游资格、会计专业技术资格等都属于专业技术人员职业资格，而消防员、美容师、美发师、茶艺师等都属于技能人员职业资格。考取相关证书的当年就能定额扣除 3 600 元，并且可以和学历（学位）继续教育叠加享受专项附加扣除。

3. 大病医疗

大病医疗指的是在一个纳税年度内，纳税人扣除医保报销后由个人负担的医药费累计超过 15 000 元的部分，可以在 80 000 元的限额之内据实扣除。在林一的故事里，林一彩票中奖后从床上蹦下来扭伤了脚，花了 2 000 元医药费，这显然没有达到大病医疗的标准，所以不能扣除。假如，林一 2022 年全年的医药费支出在扣除医保报销后，个人实际花费 40 000 元，那么林一实际可以扣除的金额 = 40 000 – 15 000 = 25 000 元。而如果林一个人实际花费 120 000 元，那么林一也只能扣除 80 000 元，因为封顶只能 80 000 元。

4. 住房贷款利息

住房贷款利息指的是首套房的房贷利息，不管是公积金贷款还是商业贷款均可以，而如果是二套房贷款利息，则不可以，这个我们很好理解，首套房一般是刚需，国家给予一定的税收优惠，而如果是二套房，则表示该纳税人的经济实力较强，则不给予扣除。住房贷款利息每年可以扣除 12 000 元（每月 1 000 元），且扣除期限不超过 20 年。在林一的故事里，林一是首套住房贷款，符合住房贷款利息扣除的条件，所以可以扣除 12 000 元的专项附加扣除。

5. 住房租金

住房租金的专项附加扣除与住房贷款利息的专项附加扣除不能同时享受。目前我们国家住房租金的扣除标准分为三个档次：1 500 元/月、1 100 元/月、800 元/月。像北京、上海、天津、重庆这样的直辖市，或者武汉、广州这样的省会城市，或者像厦门、深圳这样的计划单列市以及国务院确定的其他城市，也就是通俗来讲的"大城市"，其扣除标准按照 1 500 元/月来执行。而除了上述城市外，市辖区人口超过 100 万的城市，例如，东莞、佛山等这样通俗来讲的"大中型城市"，其扣除标准则为 1 100 元/月。而市辖区人口不超过 100 万的城市，也就是通俗来讲的"小城市"，其扣除标准为 800 元/月。在林一的故事里，林一没有租房，所以不能享受住房租金专项附加扣除政策优惠。

6. 赡养老人

赡养老人指的是年满 60 周岁以上的老人，家里只要赡养一位及以上 60 周岁以上的老人，就可以按照相关标准扣除。像林一这样，是家中的独生子，如果他的爸爸或者妈妈年满 60 周岁，就可以享受每月 2 000 元的赡养老人专项附加扣除政策优惠。而如果林一还有兄弟姐妹，那么，就由这几个子女共同分摊这 2 000 元，但是每个人最多不能超过 1 000 元。至于每人具体多少，可以平均分，或者由林一的父母自己指定，也可以由林一和其兄弟姐妹自己约定。在林一的故事里，我们假定林一是独生子，所以每年可享受 24 000 元的赡养老人专项附加扣除政策优惠。

7. 三岁以下婴幼儿照护

三岁以下婴幼儿照护是 2022 年才新增加的，从 2022 年 1 月 1 日起，纳税人可以按照每个婴幼儿 1 000 元/月的标准定额扣除，也就是说，像林一这样，小孩未满三岁的，也可以享受专项附加扣除了。这个政策和子女教育完美衔接，也就是说，如果家里有小孩，三岁以前可以享受三岁以下婴幼儿照护专项附加扣除，三岁以后可享受子女教育专项附加扣除，直到孩子读到博士研究生毕业为止。当然，林一可以选择自己这边 100% 扣除，也可以选择和小美各扣除 50%，不过，从税收筹划的角度，林一的收入较高，由林一 100% 扣除能够享受到更多的优惠，所以，林一 2022 年可享受 12 000 元的三岁以下婴幼儿照护专项附加扣除。

8. 个人养老金扣除

个人养老金扣除是我们国家 2022 年 11 月在"个人所得税"App 中最新增加的，指的是个人如果向个人的养老金账户缴费，可以按照每年最高 12 000 元的标准在综合所得或者经营所得中据实扣除，例如，林一缴费 10 000 元，就按照 10 000 元扣除，不超过 12 000 元的限额。不过故事中并没有提到林一有缴纳个人养老金。

那么，究竟林一 2022 年的综合所得的应纳税所得额为多少呢？我们可以把前面的数据综合代入公式：应纳税所得额 = 年综合收入额 - 费用 - 专项扣除 - 专项附加扣除 - 其他扣除 = 175 140 - 60 000 - 31 220 - (12 000 + 24 000 + 12 000) = 35 920 元。

我们国家对于综合所得，采用的是 7 级超额累进税率，也就是说，超额越多，税率越高，这跟我们日常生活中水电费是类似的。表 17 - 1 是个人所得税——综合所得税率表：

表 17 - 1　　　　　　　　个人所得税——综合所得税率

级数	全年应纳税所得额	税率（%）	速算扣除数（元）
1	不超过 36 000 元的	3	0
2	超过 36 000 元至 144 000 元的部分	10	2 520
3	超过 144 000 元至 300 000 元的部分	20	16 920
4	超过 300 000 元至 420 000 元的部分	25	31 920
5	超过 420 000 元至 660 000 元的部分	30	52 920
6	超过 660 000 元至 960 000 元的部分	35	85 920
7	超过 960 000 元的部分	45	181 920

我们通过表 17 - 1 可知，林一的综合所得全年应纳税所得额没有超过 36 000 元，所以应按照 1 级 3% 的税率，也就是说林一的应纳税额 = 35 920 × 3% = 1 077.6 元，平均每个月不到 90 元。如果林一和小美不懂得相关税收筹划知识，将 3 岁以下婴幼儿照护支出专项附加扣除放在小美那边 100% 扣除，那么林一的应纳税所得额 = 75 140 - 60 000 - 31 220 - (12 000 + 24 000) = 47 920 元，这样就会超过 36 000 元，那么超过 36 000 ~ 144 000 元的那部分就要按照 10% 的税率，我们可以算出林一的应纳税额 = 36 000 × 3% + (47 920 - 36 000) × 10% = 2 272 元，或者直接用一种简便方法，用应纳税所得额直接乘上相应的税率减去对应的速算扣除数，则应纳税额 = 47 920 × 10% - 2 520 =

2 272 元，比之前高出了 1 194.4 元。而小美这边，假设小美将三岁以下婴幼儿照护支出放在林一这边 100% 扣除，小美自己承担的"三险一金"金额为 8 660 元，我们按照前面的计算方法也可以算出小美 2022 年的应纳税所得额 = 68 300 + 1 000 × (1 - 20%) × 70% - 60 000 - 8 660 = 200 元，那么小美的应纳税额 = 200 × 3% = 6 元，所以，对于小美来说，因为收入较低，专项附加扣除意义不大。通常来说，从税收筹划的角度，夫妻双方应该尽量由收入高的一方进行专项附加扣除。

（三）经营所得的应纳税额计算

经营所得和综合所得一样，都是按年计征，平时预缴税款，第二年再办理汇算清缴，所谓的汇算清缴，其实就是算总账多退少补的意思。经营所得主要包括个体工商户、个人独资企业等从事生产经营活动、个人从事办学、医疗、咨询等有偿服务活动、个人承包、转包、承租、转租等取得的所得，通俗来说，就是自己当老板自负盈亏地经营所取得的所得。例如，生活中常见的家附近的小吃店、五金店、理发店、小诊所等，往往都是属于这一类。

经营所得的税率适用的是五级超额累进税率，如表 17 - 2 所示。

表 17 - 2　　　　　　　　个人所得税——经营所得税率

级数	全年应纳税所得额	税率（%）	速算扣除数（元）
1	不超过 30 000 元的	5	0
2	超过 30 000 元至 90 000 元的部分	10	1 500
3	超过 90 000 元至 300 000 元的部分	20	10 500
4	超过 300 000 元至 500 000 元的部分	30	40 500
5	超过 500 000 元的部分	35	65 500

对于个体工商户而言，我们国家采用的是定期定额、核定征收和查

账征收这三种方式。

第一种方式是定期定额。对于大多数个体工商户而言，设置账簿较为困难，所以在进行税务登记的时候就可以选择定期定额的方式，税务局往往会根据面积、租金、人数、路段等核定收入和税率，这样，对于个体工商户本身和税务局而言，都是比较方便的，之后只要按照核定的收入和税率进行纳税即可。例如，税务局核定的月收入为 20 000 元，税率是 0.003，那么，每个季度的应纳税额 = 20 000 × 0.003 × 3 = 180 元。这种方式操作简便，且不需要进行汇算清缴，是大多数个体工商户采用的方式。

第二种方式是核定征收。这种方式是对于那些设置了账簿的个体工商户，虽然设置了账簿，但是比较混乱或者缺少相应的凭证资料，导致实际查账困难的，这种情况属于有心无力型，税务局就会采用事后核定征收的方式，给定一个核定的应税所得率。例如，税务局核定的应税所得率是 10%，如果年收入为 1 200 000 元，那么，年应纳税所得额 = 1 200 000 × 10% = 120 000 元，通过查表 17 - 2 可知，对应的税率为 20%，那么，应纳税额 = 30 000 × 5% + 60 000 × 10% + 30 000 × 20% = 13 500 元，当然，我们也可以用一种简便的方法，直接用应纳税所得额乘上相应的税率再减去速算扣除数，此时，应纳税额 = 120 000 × 20% - 10 500 = 13 500 元。

第三种方式为查账征收。这种是针对那些账簿设置比较完整规范，方便查账征收的个体工商户而采用的方式，具体的计算公式为：年应纳税所得额 = 全年收入总额 - 成本 - 费用 - 税金 - 损失 - 其他支出 - 允许弥补的以前年度亏损。例如，假设林一属于采用查账征收的个体工商户，全年收入总额为 1 200 000 元，成本 700 000 元，费用 200 000 元，税金 150 000 元，损失 20 000 元，那么，林一的利润额 = 1 200 000 - 700 000 - 200 000 - 150 000 - 20 000 = 130 000 元，假如林一没有其他的综合所得，那么，他还可以扣除 60 000 元的费用、专项扣除以及专项

附加扣除共计 36 000 元，那么，林一的年应纳税所得额 = 130 000 -
60 000 - 36 000 = 34 000 元，通过查表 17 - 2 可知税率为 5%，则应纳税
额 = 34 000 × 5% = 1 700 元。而假如林一有其他的综合所得，那么，他
就不能扣除相应的 60 000 元费用、专项扣除及专项附加扣除了，那么，
他的年应纳税所得额 = 利润额 = 130 000 元，通过查表 17 - 2 可知，对
应的税率为 20%，那么，应纳税额 = 130 000 × 20% - 10 500 = 15 500
元。核定征收和查账征收，都需要进行汇算清缴。

（四）财产租赁所得的应纳税额计算

财产租赁所得是按次来计征的，通常以 1 个月内所取得的收入为一
次。这里所指的财产通常指的是不动产、车、船、机器设备等。适用的
税率为 20%，不过个人出租住房可以减按 10% 的税率。对于财产租赁
所得，每次的净收入不超过 4 000 元的，减除费用 800 元，具体的应纳税
额的计算公式为：应纳税额 = （每次收入额 - 税费 - 修缮费 - 800 元）×
20%；而每次的净收入超过 4 000 元的，则减除费用 20%，具体的应纳
税额的计算公式为：应纳税额 = （每次收入额 - 税费 - 修缮费）× （1 -
20%）× 20%。这里的收入额也就是每月实际的收入额，税费指的是房
产税、印花税等可以税前扣除的税费，但不包括增值税，修缮费是出租
期间的修缮费，但是每月最多只能扣 800 元，净收入 = 每次收入额 - 税
费 - 修缮费。

我们结合林一的故事来看，假设林一将老家的商铺出租，2022 年
10 月收到租金收入 3 000 元（不含增值税），税费为 300 元，修缮费为
400 元，那么，林一的净收入 = 3 000 - 300 - 400 = 2 300 元，显然小于
4 000 元，那么应该减除费用 800 元，则林一 2022 年 10 月的应纳税
额 = （2 300 - 800）× 20% = 30 元。

而我们假设林一出租的是老家的住房，这里的税率就变成了 10%，
2022 年 10 月收到租金收入 5 000 元，税费为 400 元，修缮费为 500 元，

那么，林一的净收入 = 5 000 – 400 – 500 = 4 100 元，大于 4 000 元，那么应该减除费用 20%，则林一 2022 年 10 月的应纳税额 = 4 100 × (1 – 20%) × 10% = 328 元。

（五）财产转让所得的应纳税额计算

财产转让所得，是个人转让有价证券、股权、机器设备、土地使用权、建筑物、车船等财产所取得的所得，但是不包括专利权、版权等知识产权的转让所得。生活中最常见的就是卖房卖车了。它的计税方法是按次计征，适用比例税率，税率为 20%。它的计算公式为：应纳税额 = (收入总额 – 财产原值 – 合理费用) × 20%。其中，合理费用就是指转让财产时支付的相关税费。我们以生活中常见的卖房为例，在我们国家，如果个人转让自用 5 年以上且唯一的房产，是不用交个人所得税的。如果不满足满 5 年且唯一这个条件，就需要缴纳个人所得税了。例如，林一买房 1 年后，将房子卖出，取得不含增值税的价款为 150 万元，而房子 1 年前的原值是 120 万元，在转让过程中支付了相关税费等合计 10 万元，那么，林一此次的应纳税额 = (150 – 120 – 10) × 20% = 4 万元。当然，这是房价上涨了的情形，我们扣除完相关手续费、利息和税费，其实也并没有赚到多少，由此可见，税收政策对于遏制炒房行为还是能起到一定的作用的。

在林一婚后生活的故事中，在小美的建议下，两人将汽车卖出，取得了 58 000 元的收入，那么他需要缴纳个人所得税吗？当然不用，因为在现实生活中，车是很容易贬值的，二手车的价格往往比新车要便宜很多，林一虽然卖了 58 000 元，但是他的车的原值可能是 120 000 元，也就是说，按照公式，我们用收入总额减去财产原值就已经是负数，所以不需要缴纳个人所得税。

（六）利息股息红利所得的应纳税额计算

利息股息红利所得指的是个人拥有债权、股权而取得的利息、股息、红利所得。在林一的故事中，林一将卖车的钱拿去买了国债，所获得的利息就属于利息股息红利所得，但是，因为我们国家购买国债还有国家金融债券，以及储蓄存款的利息均是免税的，所以林一不需要缴纳相应的个人所得税。而如果林一买的是股票，就要根据情况来看是否要缴纳个人所得税了。如果林一的持股时间小于 1 个月，那么需要按照税率征税；如果林一的持股期限在 1 个月到 1 年之间，则可以减半征税；而如果林一的持股期限在 1 年以上，则可以免税。利息股息红利所得也是按次来计征个人所得税的，适用的是比例税率，税率为 20%，应纳税额的计算公式非常简单，直接用每次的收入额乘上 20% 即可。我们从日常生活中常见的炒股来看，假设林一购买某上市公司 A 公司的股票，持有了 20 天，获得股息 3 000 元，那么，林一此次的应纳税额 = 3 000 × 20% = 600 元。而如果林一购买某上市公司 B 公司的股票，持有了 7 个月，获得股息 10 000 元，那么，林一的应纳税额 = 10 000 × 20% × 50% = 1 000 元。如果林一购买某上市公司 C 公司的股票，持有了 1 年零 2 个月，获得股息 20 000 元，那么他不用缴纳相应的个人所得税。从个人所得税税法的相关规定我们可以看出，国家鼓励我们长线投资，而不是短线投机。

（七）偶然所得的应纳税额计算

偶然所得是个人得奖、中奖、中彩票等偶然因素所取得的所得。例如，在林一的故事中，林一中彩票所获得的 20 000 元就属于偶然所得。在我们国家，对于购买彩票、一次中奖收入如果不超过 10 000 元的，暂时免征个人所得税，而超过 10 000 元的则要全额征收。偶然所得也是按次计征，适用 20% 的比例税率，计算公式和利息股息红利所得一样，即：应纳税额＝每次收入额×20%。也就是说，林一虽然中彩票获得了 20 000 元，但是需要缴纳 20% 的个人所得税，应纳税额＝20 000 × 20% ＝4 000 元，也就是说，林一扣除完个人所得税真正能拿到的金额只有 16 000 元。不过林一因为中彩票高兴得从床上跳下来反而扭伤了脚，不仅花了 2 000 元的医药费，还因为脚伤耽误了正常工作，这也就是所谓的福祸相依，有得有失吧。现实生活中，有的人因为一次偶然中奖从此便沉迷于买彩票，每天期盼着依靠上天的眷顾和幸运女神的垂青来实现"一夜暴富"，或者有的人虽然中了大奖但是并没有拥有管理好自己财富的能力，反而过上了骄奢淫逸、肆意挥霍的生活，而不是踏实勤恳地工作，培养自己的一技之长，这样的"偶然所得"又何尝不是"长久所失"呢。

创业篇 我的未来不是梦

十八、林一和小美的创业故事
——筹资业务的会计核算

　　林一和小美的孩子点点渐渐长大了，终于能够去上学了，这对于小美来说可是一件重要的事，因为这就意味着小美每天有 8 个小时完全属于自己的自由时间了。之前因为孩子还很小，又经常生病，小美不得不辞职全职在家带娃，而现在孩子上学了，小美想重新出去找工作。可是小美重返求职之路才发现，要找到能够满足自己需求的工作实在是太难了。首先是自己为了带孩子有过较长时间的工作断档期，再重返职场才发现自己已经可能很难适应正常的工作时间和节奏。其次是竞争力方面，小美求职时发现，跟自己同时面试的很多都是刚毕业的年轻人，朝气蓬勃，干劲十足，而且没有家庭的负担，自己虽说会稳重一些，有经验一些，但是毕竟很难成为核心优势。此外，小美还面临一个比较现实的问题，自己如果重新出去工作，孩子的接送就成了问题，毕竟很难有公司能让自己 3 点多就下班来接孩子。所以，考虑再三，小美和林一商量："林一，你说咱们要不然想办法在小区附近开个甜品店吧？你看，宝宝现在上学了，我也能有一点自己的时间，店开在小区附近，也能方便接送孩子。"

林一听小美这么说，回答道："我看可以，我知道你这些年为了照顾宝宝牺牲了很多，现在你有自己的梦想，老公当然会支持你。而且，我老婆做的甜品，当年在小区可是很抢手的。"

小美笑了，回答道："哈哈，你还敢提当年的糗事，咱们当时卖了几天，生意是不错，但是不知道被谁举报说我们怎么乱摆摊，还被城管处罚了，最后赚的那一点钱都打了水漂。"

林一回答道："是啊，所以咱们要吸取教训，这次得合法合规，咱们还是要正常开店。这样，你先别急，咱们可以先去做下调研，看下小区附近有没有合适的地方，租金多少，还要调查一下市场情况，周围会不会有很多竞争者，咱们得先摸底一下，算一算大概得投入多少钱，什么时候能回本。至于筹钱的事，我来想办法。"

"好嘞。"小美回答道。

于是，小美便开始认真在小区周围做起了调研，她了解到，目前小区附近只有1家甜品店，品种较少，口味也一般，平时一般生意较少，偶尔会有些订生日蛋糕的客户。小区附近可以开甜品店的店铺一个月租金大概在2 000元，目前有2～3家在招租。她还了解到，开一家甜品店前期的投入大概在20万元。为了更加熟悉甜品店的运作和管理，小美还通过各种渠道学习相关的知识，并且还专门拜师学艺了一段时间。林一这边也忙着筹款的事情，他们的自有资金只有10万元左右，林一的朋友王二听说了林一和老婆想创业的事情，也比较感兴趣，决定投资3万元现金和2万元的设备，还剩下5万元林一决定找银行借，按照年利率6%来算，每个月大概要还250元的利息。

从林一和小美的创业故事来看，林一和小美创业之初，总共需要20万的资金，其中，自己只有10万元，朋友投资3万元现金和2万元的设备，找银行借款5万元，那么，我们应该如何核算呢？

筹资业务的会计核算

个人创业之初，最紧要的肯定是通过各种渠道筹集资金。钱从哪里来？一部分来自自有资金，而另一部分则是找别人借入的资金。

首先，我们一起来思考，林一的甜品店现在总共有多少资产？因为现在还在筹集资金阶段，假设朋友的现金、设备还有银行的借款都已经到位，那么，总共有 15 万元的银行存款，3 万元的现金，还有 2 万元的设备，也就是 20 万元的资产。那么，这 20 万元的资产都属于甜品店吗？显然不是，其中，有 5 万元是从银行借来的，应该属于负债，只有 15 万元真正属于所有者所有，因为林一的朋友出资的 5 万元是属于投资性质，与林一共同承担经营风险，所以甜品店的投资人既包括林一和小美，也包括他们的朋友王二，他们都属于甜品店的所有者，所以甜品店的自有资金应该是 15 万元。由此，我们可以得到甜品店此时的会计恒等式：

$$资产 = 负债 + 所有者权益$$
$$200\,000 = 50\,000 + 150\,000$$

那么，我们要怎么才能具体而完整地记录这件事呢？这么笼统地写个等式只能让我们有个大致的了解，让我们一起回顾前面林一开超市的故事，资产、负债、所有者权益这些只是会计要素，只是一个大致的分类，为了更为详细地记录，我们需要设置账户将这些变化分门别类地记录下来。那么，需要设置哪些账户呢？

我们将这个故事来进行拆解。首先，林一投入 10 万元资金到甜品店，以银行存款转账。既然是和朋友王二一起开店创业，那么，就需要专门开立一个属于甜品店的专有银行账户，甜品店日常不需要那么多现金，大部分的资金都存在银行里面，所以，"银行存款"这个账户是必须的，它用来核算银行存款的增减变动情况，银行存款属于资产类账户，我们一起回顾林一的小金库的故事，借和贷只是个符号，资产类账户借方表示增加，贷方表示减少，林一投入 10 万元，银行存款就增加了，记录在借方。与此同时，甜品店实际收到的资本金也增加了，我们叫作"实收资本"，它用来核算企业资本金的增减变动情况，属于所有者权益类账户，所有者权益类账户借方表示减少，贷方表示增加，甜品店的实收资本增加了，记录在贷方。我们可以这样记录：

借：银行存款   100 000

贷：实收资本   100 000

这就是我们会计里面最常用的专业语言——会计分录。写会计分录的过程，其实就是将经济业务翻译成我们会计专业语言的过程。会计分录里面既包含了借贷方向，又包含了具体记录的会计账户，也包括了具体的核算金额，一目了然，却也成为很多会计初学者的"拦路虎"。其实，写分录并不难，它包括几个步骤：

（1）思考经济业务的发生会造成哪些账户的变动；

（2）这些账户是增加了，还是减少了；

（3）判断这些账户记账的方向，是借方，还是贷方；

（4）确定每个账户计入的金额；

（5）按照格式写出来，先借贷方向，再写账户名称和金额。

下面，我们再按照这个 5 步法的方法来尝试分析第二笔经济业务——王二投资 3 万元现金和 2 万元的设备。

（1）王二投资的是现金，那么，"库存现金"这个账户肯定发生变动，而设备我们在会计里面称为"固定资产"，它指的是那些为了生产商品、提供劳务、出租或者经营管理持有的使用寿命超过 1 年的有形资产，例如，各种机器设备、车、厂房等。王二提供的是设备，属于"固定资产"。王二属于甜品店的投资人，他将现金和设备投资进来，那么，甜品店的"实收资本"也会发生变动。

（2）"库存现金""固定资产"增加了，"实收资本"也是增加。

（3）"库存现金"和"固定资产"都是资产类账户，增加在借方，

"实收资本"是所有者权益类账户，增加在贷方。

（4）库存现金增加 30 000 元，固定资产增加 20 000 元，实收资本增加 50 000 元。

（5）可以按照格式写出会计分录：

借：库存现金   30 000

     固定资产   20 000

    贷：实收资本   50 000

事实上，投资人可能投资的东西不仅仅包括现金和设备，还有的会投资商标或者专利技术，像这些看不见又摸不着的资产我们就不能叫作固定资产了，在会计里面，我们叫作"无形资产"，而如果王二投资的是面粉、鸡蛋这些做甜品所需要的材料，我们则叫作"原材料"，总之，不管是投资现金、设备，还是商标或者面粉，这些都属于甜品店的资产，都会导致实收资本增加。

接着，我们再来看第三件事，林一找银行申请一年期借款 5 万元，已经存入银行账户。

同样地，我们可以运用 5 步法的方法来进行分析：

（1）林一找银行借钱，并且是 1 年期，属于"短期借款"账户核算，"短期借款"指的是这种期限在 1 年以内（含 1 年）的借款，如果超过 1 年，就是"长期借款"了。钱已经存入银行账户，那么"银行存款"账户也会发生变化。

（2）"短期借款"增加了，"银行存款"也增加了。

（3）"短期借款"属于负债类账户，借方表示减少，贷方表示增加，所以计入贷方。"银行存款"属于资产类账户，借方表示增加，所以计入借方。

（4）"短期借款"增加 50 000 元，"银行存款"增加 50 000 元。

（5）按照格式写出分录：

借：银行存款   50 000

　　贷：短期借款　　　　　　　　　　　　　　　　50 000

　　初次接触会计或者借贷记账法的朋友往往会被"借"和"贷"搞得头昏脑涨，其实，大可不必，它其实就是个记账符号而已，就像"增"和"减"、"收"和"付"，甚至是"左"和"右"都可以，只不过因为大家通用的是以"借"和"贷"表示，我们国家规定企业使用"借贷记账法"，所以才被广为使用。写会计分录的时候我们也是默认先写借方后写贷方，不能反过来写。

　　至于账户的名称，其实都是会计准则里面规定好的，不能随意变更，我们只需要根据实际的业务需要去使用就好。

　　还有许多人常常在第 3 步的时候判断不清到底应该计入借方还是计入贷方，事实上，我们在林一的小金库的故事中也有总结过，简单来说，就是遵循以下等式：

$$资产 + 成本 + 费用 = 收入 + 负债 + 所有者权益$$
$$借\uparrow 贷\downarrow \qquad\qquad 借\downarrow 贷\uparrow$$

　　也就是说，资产、成本、费用类的科目，借方表示增加，贷方表示减少，而收入、负债、所有者权益类科目，借方表示减少，贷方表示增加。其实，如果把"借贷"记账符号改成"左右"，可能还更好记忆一些，等式左边的三个借（左）增贷（右）减，等式右边的三个贷（右）增借（左）减。

十九、林一的甜品店

——采购业务及筹备阶段的会计核算

　　林一和小美终于筹集到了足够的资金，在观察了一段时间后，林一和小美决定租一间靠近学校和培训机构的店铺，租约为2年，租金为每个月2 500元，之所以选择这个店铺，主要是考虑到人流量相对来说会大一些，并且不少家长可以在等孩子的期间或者接到孩子后顺便到店消费。林一和小美跟房东商量的是"押一付三"的方式，也就是押金2 500元，租金7 500元。

　　店铺租好后，林一和小美找装修公司进行了简单的装修，在原来的基础上做了一些装饰和改造，总共花费了10万元。装修完成后，林一和小美就开始疯狂采购，各种做甜品需要的烤箱、冰柜等机器设备，总共花费3万元，还有牛奶、鸡蛋、面粉、黄油等材料，总共花费5 000元。为了更好地宣传，林一和小美还提前印制了许多广告宣传的小扇子，在开业前夕分发给在烈日下接送孩子的家长们，总共花费1 000元。林一和小美还聘请了一位员工小张，他们约定的工资为固定底薪每个月3 000元，另外加上绩效提成。林一和小美给甜品店取了个名字，叫作"一点甜美"，"一"代表林一，"点"代表他们的宝宝"点点"，"美"代表小美，至于"甜"，一来代表甜品店，二来如果将来有个女儿，这便是女儿的小名吧。

　　在林一的甜品店的故事里，在采购和筹备过程中，涉及了许多的业务，那么，究竟应该如何进行核算呢？

采购业务及筹备阶段的会计核算

对于制造型的企业来说，采购业务主要包括两大块，即固定资产的采购和原材料的采购。下面我们还是结合林一的甜品店的故事，按照不同的业务分别来展开。

1. 关于租金的会计核算

林一和小美与房东签订了租约，付了 3 个月的租金 7 500 元，用银行存款支付。

房屋的租金应该怎样核算呢？我们得先搞清楚它应该属于哪一类要素，是资产？还是费用？有的朋友说，房租是我花出去的钱，应该是费用。让我们回顾林一租房的故事，林一现在付出去的房租，其实是在预付未来 3 个月的房租，按照权责发生制，在当下这个时间点上，林一才刚刚签完合同，并没有享受到店面带来的收益，所以没有付款的义务，因此还不能形成费用。林一提前付出了租金，相当于房东有提供店面租赁的义务，是房东欠林一和小美的，所以属于林一和小美的资产，在会计里面，我们把它叫作"预付账款"，通俗地理解，就是这种先付款，再拿货的款项。我们还是按照 5 步法来确定如何记账：

（1）林一预付给房东的房租属于"预付账款"账户核算，钱已经通过银行存款支付，那么"银行存款"账户也会发生变化。

（2）"预付账款"增加了，"银行存款"减少了。

（3）"预付账款"属于资产类账户，借方表示增加，贷方表示减少，所以计入借方。"银行存款"也属于资产类账户，贷方表示减少，所以计入贷方。

（4）"预付账款"增加 7 500 元，"银行存款"减少 7 500 元。

（5）按照格式写出分录：

借：预付账款   7 500

　　贷：银行存款   7 500

由此可见，此时，我们只是相当于把 7 500 元从一项资产"银行存款"变成了另一项资产"预付账款"而已，等到每满一个月的时候，再把它从"预付账款"转到"管理费用"这项费用类账户中去。"管理费用"听起来比较"高大上"，但它其实可以说是一个费用的杂物堆，各种各样的费用都往里面堆，例如，企业筹建期间发生的各种开办费、经营活动中发生的各种水电费、租金、管理发生的各种费用等。

2. 关于押金的会计核算

林一和小美与房东签订了租约，付了押金 2 500 元，用银行存款支付。

押金顾名思义就是押在房东那里的钱，它跟租金不一样，因为押金是可以退还回来的，所以我们在会计处理的时候跟租金也不同。这里的押金是通过"其他应收款"这个账户来核算，可以理解成其他应该找别人收回来的各种款项，例如，给员工垫付的医药费、应该找员工或者保险公司收回来的罚款、赔款等。既然是应该收回来的钱，也就是别人欠我们的，所以应该属于我们的资产。我们还是按照 5 步法来确定如何记账：

（1）林一和小美付给房东的押金属于"其他应收款"账户核算，钱已经通过银行存款支付，那么"银行存款"账户余额也会发生变化。

（2）"其他应收款"增加了，"银行存款"减少了。

（3）"其他应收款"属于资产类账户，借方表示增加，贷方表示减少，所以计入借方。"银行存款"也属于资产类账户，贷方表示减少，所以计入贷方。

（4）"其他应收款"增加 2 500 元，"银行存款"减少 2 500 元。

（5）按照格式写出分录：

借：其他应收款   2 500

　　贷：银行存款   2 500

本质上，这也是将一项资产"银行存款"转移到另一项资产"其他应收款"中去，我们的资产并没有减少。

3. 关于装修费的会计核算

林一和小美付给装修公司 10 万元的装修费用，用银行存款支付。

对于林一和小美来说，10 万元的装修费用可以说是一项较大的支出，如果都一次性地计入费用，那么，今年去核算利润的时候，肯定是会极大地影响到利润的，装修一次，其实可以在未来较长的一段时间内受益，所以，它应该属于一种长期的资产，会计里面我们叫作"长期待摊费用"。长期待摊费用是企业实际发生的支出，但是它的摊销期限较长，通常在 1 年以上的各项费用，别看它叫作"费用"，它其实是资产类科目，不过后面会通过摊销，转到各种费用里面去。我们还是按照 5 步法来确定如何记账：

（1）林一和小美付给装修公司的装修费用属于"长期待摊费用"账户核算，钱已经通过银行存款支付，那么"银行存款"账户也会发生变化。

（2）"长期待摊费用"增加了，"银行存款"减少了。

（3）"长期待摊费用"属于资产类账户，借方表示增加，贷方表示减少，所以计入借方。"银行存款"也属于资产类账户，贷方表示减少，所以计入贷方。

（4）"长期待摊费用"增加 100 000 元，"银行存款"减少 100 000 元。

（5）按照格式写出分录：

借：长期待摊费用　　　　　　　　　　　　100 000

　　贷：银行存款　　　　　　　　　　　　　　100 000

本质上，这也是将一项资产"银行存款"转移到另一项资产"长期待摊费用"中去，我们的资产并没有减少。不过，我们后续要将它分摊到每月的"管理费用"中去，如果租期为 2 年，也就是 24 个月，我们按照 24 个月来分摊的话，每月应该分摊 4 166.67 元的费用。

4. 关于固定资产采购的会计核算

林一和小美付给设备供应商 3 万元，设备到店后，又花了 500 元请工人帮忙安装，均用银行存款支付（为简化处理，此时不考虑增值税）。

烤箱、冰箱等这些为了生产而购入的设备都叫作"固定资产"，不过，如果这项固定资产需要安装，那么，在安装完工达到预定可使用状态之前，我们先称作"在建工程"，通俗地说，就是没装好之前我们叫作"在建工程"，而建好了就叫"固定资产"，也可以把"在建工程"看作是"固定资产"的小时候，成年后就将所有在"在建工程"里面积累的金额都转交给"固定资产"。那么，在建工程里面都要核算哪些呢？购买设备花费的价款、安装费、材料费、装卸费等这些都要进入核算成本的范围。林一和小美花了 3 万元买设备，又花了 500 元的安装费，这些都要计入固定资产的成本。我们可以分两个会计分录计入：

第一个分录我们还是按照 5 步法来确定如何记账：

（1）林一和小美付给设备供应商 3 万元是购买了固定资产，又花了 500 元请人安装，固定资产需要安装，要先放在"在建工程"账户核算，钱已经通过银行存款支付，那么"银行存款"账户也会发生变化。

（2）"在建工程"增加了，"银行存款"减少了。

（3）"在建工程"属于资产类账户，借方表示增加，贷方表示减少，所以计入借方。"银行存款"也属于资产类账户，贷方表示减少，所以计入贷方。

（4）"在建工程"增加 30 500 元，"银行存款"减少 30 500 元。

（5）按照格式写出分录：

借：在建工程 30 500

　　贷：银行存款 30 500

而当固定资产安装完毕，可以达到预定的使用状态的时候，我们还需要将在建工程结转到固定资产里面去，会计里面叫作"结转"，其实也就是"搬家"，是从在建工程搬到固定资产里面去，那么在建工程减少，固定资产增加，两者都是资产类账户，借方表示增加，贷方表示减少，所以可以写出第二个分录：

借：固定资产   30 500

    贷：在建工程   30 500

如果林一和小美买的是不用安装的机器设备，那么就不用这么麻烦了，直接计入固定资产就可以，好比是拎包入住的精装房，不用"在建工程"这个"包工头"来先帮忙装修。

5. 关于原材料采购的会计核算

林一和小美经营的是甜品店，平时需要采购面粉、鸡蛋、糖等各种各样的材料，会计里面我们统称为"原材料"，如果是一手交钱一手交货，那么"原材料"增加，"银行存款"减少。但是，现实生活中，我们往往还会有很多其他的情形，例如，买材料没给钱，或者先给钱再拿到材料等，我们需要分情况来看。

（1）林一和小美直接在门口超市买鸡蛋，价款100元，增值税税款13元，总共用银行存款支付113元。

鸡蛋是做甜品所需要的"原材料"，在前面的故事中，我们已经介绍过增值税，它是一种价外税，买材料属于购进，我们这里把林一和小美的甜品店按照增值税一般规模纳税人来看，"原材料"增加100元，在借方。一般纳税人增值税的税款可以抵扣，那么，就要单独用"应交税费——应交增值税（进项税额）"来核算增值税税额13元，"应交税费"顾名思义就是应该交但还没有交的税，是欠国家的，属于负债，借方表示减少，贷方表示增加，进项税额是可以抵扣销项税额的，所以进项税额越多，我们实际要缴纳的销项税额就越少，所以此时"应交税费"减少，应该记录在借方。"银行存款"减少113元，"原材料"和"银行存款"都属于资产类账户，增加在借方，减少在贷方，所以我们可以写出分录：

借：原材料　　　　　　　　　　　　　　　　　100
　　应交税费——应交增值税（进项税额）　　　　13
　　贷：银行存款　　　　　　　　　　　　　　　113

（2）林一和小美在门口超市买面粉，价款 300 元，税款 39 元，结账时发现忘记带钱了，超市老板同意赊账，第二天，林一和小美将钱还给老板，用银行存款支付。

赊账这件事对于我们来说并不陌生，拿了东西没给钱，会计上叫作"应付账款"，"应付账款"属于欠供应商的钱，是我们的负债，负债增加计入贷方，"原材料"增加了 300 元，属于我们的资产，增加计入借方，我们可以写出会计分录：

借：原材料　　　　　　　　　　　　　　　　　300
　　应交税费——应交增值税（进项税额）　　　　39
　　贷：应付账款　　　　　　　　　　　　　　　339

（3）林一和小美发现在批发市场买面粉比门口超市更便宜，他们在批发市场付了钱，价款 1 000 元，税款 130 元用银行存款支付。批发市场老板说，货太多了，我明天给你们免费送过去，第二天，林一和小美果然收到了货。

如果买了材料但是货还没收到怎么办？我们的钱已经付出去了，所以"银行存款"账户减少，"银行存款"属于资产类账户，减少计入贷方。货没有收到，我们会计里面叫作"在途物资"，也就是还在路上，没到我们的仓库的货。"在途物资"也属于资产，增加在借方。我们可以写出会计分录：

借：在途物资　　　　　　　　　　　　　　　1 000
　　应交税费——应交增值税（进项税额）　　　130
　　贷：银行存款　　　　　　　　　　　　　1 130

等到第二天，实际收到了货，再将"在途物资"里面的金额结转到"原材料"里面去，也就是"在途物资"这项资产减少，"原材料"这项资产增加。资产借增贷减，我们可以写出会计分录：

借：原材料   1 130

 贷：在途物资   1 130

（4）林一和小美找批发商采购牛奶，因为牛奶的销量太好，批发商直接卖断货了，批发商对林一说，要不你先预付一半的钱，等有货了我立马给你发过去。林一交了1 000元，用银行存款支付。过了2天，批发商将牛奶寄了过来，林一和小美清点无误收进仓库，总共价款2 000元，税款260元，林一将剩下的1 260元也转给了批发商。

林一和小美先给了钱，对方没发货，这笔钱会计里面就叫作"预付账款"，就是预先付给对方的钱，属于我们的资产，资产增加，计入借方。款项用银行存款支付，那么，"银行存款"这项资产就减少了，计入贷方。我们可以写出会计分录：

借：预付账款   1 000

 贷：银行存款   1 000

而等到牛奶验收进入仓库之后，我们的"原材料"这项资产才增加，总共增加2 000元，所以我们的"预付账款"总共应该是2 260元，可以写出会计分录：

借：原材料   2 000

  应交税费——应交增值税（进项税额） 260

 贷：预付账款   2 260

对比一下发现，总共应该付2 260元，我们只预付了1 000元，所以还应付1 260元，那么"预付账款"应该增加1 260元，而"银行存款"则减少1 260元，资产类账户增加在借方，减少在贷方，所以我们可以写出会计分录：

借：预付账款   1 260

 贷：银行存款   1 260

"预付账款"虽然属于资产类账户，但是这个资产越多，说明我们是处于比较弱势的一方，对方可以拿着我们的钱去采购，我们却无能为力。

6. 关于广告宣传费用的会计核算

林一和小美为了开业做宣传，印制了许多广告扇在学校和小区门口分发，总共花费 1 000 元，用银行存款支付。

那么，这做广告宣传的费用应该用什么账户核算呢？我们可以想一下林一和小美为什么要做广告，做广告的目的是促进销售，我们在会计里面就用"销售费用"这个账户来核算，除了广告费，还有在销售过程中发生的各项费用、专门的销售部门的人员薪酬、固定资产的折旧费等也都计入销售费用。"销售费用"属于费用类账户，增加计入借方。"银行存款"减少，计入贷方。我们可以写出会计分录：

借：销售费用　　　　　　　　　　　　1 000

　　贷：银行存款　　　　　　　　　　　1 000

租店面、装修、买设备、买材料、招人、做广告……林一和小美做好了开业前的所有准备，万事俱备只欠东风，"一点甜美"甜品店即将正式开业。

二十、林一和小美定价的故事

——生产业务的会计核算

终于到了"一点甜美"甜品店开业的日子了，林一和小美还有员工小张早早地就开始做准备，像饼干、面包、蛋糕这些产品，提前制作好一些并进行包装。而像饮料，则先准备好一些原料和半成品，等客人点的时候现场制作，这样更能保证口感。一阵忙碌之后，货架上终于摆满了琳琅满目的商品。

不过，要怎么给这些商品定价呢？这可是困扰了林一和小美很久的问题，价格定太高，顾客觉得太贵可能不会买，价格定太低，又怕没有利润，辛辛苦苦白干一场。所以，为了合理地定价，林一和小美决定从两方面着手，一是弄清楚每种产品的成本，根据成本来定价，二是到周边的超市和甜品店去做调查，对比同类产品的价格。小美发现，要搞清楚每种产品的成本，其实并不容易，例如，要算出饼干的成本，就需要知道耗费了哪些材料，鸡蛋、面粉、糖、黄油这些都是做饼干的主要材料，还有一些包装盒或者包装纸、做的过程中要用到硅油纸等等，但是饼干是需要人工来做的，人工成本又怎么算呢？还有做的过程中肯定要用水用电用设备，那这些又要怎么算呢？想来想去，林一和小美决定还是先大致估算，按照参考市面上同类产品来先定价。那么，你能帮帮他们算出产品的成本吗？

对于林一和小美来说，甜品店才刚刚开业，要想精确地计算出每种产品的成本，其实是不现实的。我们要计算产品的成本，那么，首先得搞清楚成本是什么？它应该包含哪些东西呢？

生产业务的会计核算

生产型的企业在生产产品的过程中，会发生各种各样的耗费，我们以林一和小美的甜品店为例，一起来看看会发生哪些耗费。我们以做饼干为例，鸡蛋、面粉、糖这些原料，在制作的过程中就耗费掉了，那么这些肯定得进饼干的生产成本，饼干需要人工来做，所以员工小张的工资也应该进饼干的生产成本，假设小张每天只负责做饼干，那么他的工资就应该全部计入饼干这种产品的生产成本。除了原料、人工的耗费，还有水电费、机器设备的折旧费这些，这些也是为了生产所直接耗费的，应该算到生产成本里面去。所以，总结一下，为了生产一盒饼干，我们得有三个方面的耗费：一是直接的原材料，如鸡蛋、面粉这些；二是直接的人工，如做饼干的员工小张的工资；三是各种间接的费用，如水电费、机器设备的折旧费等。会计里面把直接材料和直接人工这一类直接的耗费直接计入产品的"生产成本"，而将各种间接费用则先归集到"制造费用"，等到月末再按照一定的比例分配到不同产品的生产成本里面去。具体我们还是结合实例来看，为了计算方便，我们假设甜品店目前只生产两种产品：小熊饼干和可可蛋糕。

1. 材料费用的核算

开业一个月，"一点甜美"甜品店总共生产了 100 盒小熊饼干和 300 个可可蛋糕，假设总共消耗的材料如下：鸡蛋 500 元，面粉 1 000 元，糖 50 元，可可粉 100 元。

假设小熊饼干的制作需要鸡蛋、面粉、糖，而可可蛋糕的制作需要鸡蛋、面粉、可可粉，那么糖都是为了生产小熊饼干耗费的，应该全部直接计入小熊饼干的生产成本，可可粉都是为了生产可可蛋糕耗费的，应该全部直接计入可可蛋糕的生产成本，但是鸡蛋和面粉，因为小熊饼干和可可蛋糕都有用到，那么，就需要按照一定的比例分配计入小熊饼干和可可蛋糕的成本中去了，我们假设按照重量来分配，一盒小熊饼干重 200 克，一个可可蛋糕重 100 克，那么，小熊饼干的总重量为：$100 \times 200 = 20\,000$ 克 $= 20$ 千克，可可蛋糕的总重量为：$300 \times 100 = 30\,000$ 克 $= 30$ 千克，那么小熊饼干和可可蛋糕总共重量为：$20 + 30 = 50$ 千克，也就是说，小熊饼干应该占据的比例为：$20 \div 50 = 40\%$，可可蛋糕应该占据的比例为：$30 \div 50 = 60\%$，我们进而可以算出制作小熊饼干总共花费鸡蛋的成本 $= 500 \div 50 \times 20 = 200$ 元，制作可可蛋糕总共花费鸡蛋的成本 $= 500 \div 50 \times 30 = 300$ 元，同样地，制作小熊饼干总共花费面粉的成本 $= 1\,000 \div 50 \times 20 = 400$ 元，制作可可蛋糕总共花费面粉的成本 $= 1\,000 \div 50 \times 30 = 600$ 元。

我们可以编制出材料费用分配表，如表 20-1 所示。

表 20-1　　　　　　　　　　**材料费用分配表**

2022 年 10 月　　　　　　　　　　　　　　　　　　　　　　　单位：元

产品	鸡蛋	面粉	糖	可可粉	合计
小熊饼干	200	400	50		650
可可蛋糕	300	600		100	1 000
合计	500	1 000	50	100	1 650

根据表 20-1 "材料费用分配表"，我们可以看出，直接用于生产小熊饼干的材料总共花费了 650 元，直接用于生产可可蛋糕的材料总共花费了 1 000 元，这些都应该直接计入"生产成本"这个账户，为了更好区分，我们可以设置"生产成本——小熊饼干"和"生产成本——可可蛋糕"这两个明细科目。"生产成本"属于成本类科目，增加在借方。而制作小熊饼干和可可蛋糕总共消耗了四种原材料，我们用"原材料"这个账户核算，为了更好区分，我们设置"原材料——鸡

蛋""原材料——面粉""原材料——糖""原材料——可可粉"这四
个明细科目。"原材料"属于资产类科目，用掉就减少了，减少在贷
方。我们可以写出会计分录：

借：生产成本——小熊饼干 650

——可可蛋糕 1 000

贷：原材料——鸡蛋 500

——面粉 1 000

——糖 50

——可可粉 100

2. 人工费用的核算

开业一个月，"一点甜美"甜品店总共生产了100盒小熊饼干和
300个可可蛋糕，其中，小熊饼干全部由员工小张制作，做一盒小熊
饼干需要1个小时，可可蛋糕由小张和小美共同制作，做1个可可蛋
糕，小张需要花费0.5小时，小美也需要花费0.5小时，员工小张本
月的薪酬合计为3 500元，小美因为是股东，既参与整个门店的管理
又参与生产，而另外的股东王二没有参与管理和生产，所以他们约定
小美每月的薪酬为管理人员的固定薪酬5 000元，另一部分则根据实
际的生产工作量来核算，具体时薪与小张保持一致。我们先来看小张
的生产工作量，小张的总工作量 = $100 \times 1 + 300 \times 0.5 = 250$ 小时，也
就是小张每小时的薪酬 = $3\,500 \div 250 = 14$ 元，那么小张的薪酬里面要
分进小熊饼干的成本 = $100 \times 1 \times 14 = 1\,400$ 元，分进可可蛋糕的成
本 = $300 \times 0.5 \times 14 = 2\,100$ 元。小美的生产工作量 = $300 \times 0.5 = 150$
小时，小美参与生产所得到的绩效工资 = $14 \times 150 = 2\,100$ 元，那么小
美的薪酬里面要分进可可蛋糕的成本为2 100元，另外的5 000元固
定薪酬因为是参与管理所得，不进入蛋糕的生产成本，而应该进入
"管理费用"。我们可以编制出"人工费用分配表"，如表20-2
所示。

表 20 - 2   人工费用分配表

2022 年 10 月   单位: 元

部门	人工费用		合计
	小张	小美	
生产部门（小熊饼干）	1 400		1 400
生产部门（可可蛋糕）	2 100	2 100	4 200
管理部门		5 000	5 000
合计	3 500	7 100	10 600

根据表 20 - 2 "人工费用分配表"，我们可以看出，直接用于生产小熊饼干的人工费用总共花费了 1 400 元，直接用于生产可可蛋糕的人工费用总共花费了 4 200 元，这些都应该直接计入 "生产成本" 这个账户，为了更好区分，我们可以设置 "生产成本——小熊饼干" 和 "生产成本——可可蛋糕" 这两个明细科目。"生产成本" 属于成本类科目，增加在借方。小美除了参与生产，还参与管理，参与管理的那部分薪酬应该计入 "管理费用"，"管理费用" 属于费用类科目，增加在借方，为 5 000 元。而制作小熊饼干和可可蛋糕总共由小张和小美2 人参与，因为工资还没发放，我们用 "应付职工薪酬" 这个账户核算，为了更好区分，我们设置 "应付职工薪酬——小张""应付职工薪酬——小美" 这两个明细科目。"应付职工薪酬" 属于负债类科目，增加在贷方。我们可以写出会计分录：

借：生产成本——小熊饼干   1 400

         ——可可蛋糕   4 200

    管理费用   5 000

      贷：应付职工薪酬——小张   3 500

             ——小美   7 100

3. 制造费用的核算

（1）开业一个月，"一点甜美" 甜品店总共支付水电费 600 元，因为甜品店的生产和管理用水电是一起的，规定这个费用由生产和管理各分摊一半。

既然生产和管理各分摊一半的水电费，那么，生产用的水电费应该为 300 元，管理用的水电费也应该为 300 元，谁从中受益了，谁就要承担相应的费用。管理用了 300 元的水电费，那么这部分应该由"管理费用"来记录，但是生产用的 300 元水电费，是不是直接由"生产成本"来记录呢？答案是否定的，像水电费、固定资产的折旧费这些，因为在生产过程中是属于各种间接的费用，我们一般先归集到"制造费用"再按照一定的方法分配到具体的产品成本中去。"制造费用"也属于成本类账户，增加在借方，"管理费用"属于费用类账户，增加也在借方，水电费以银行存款支付出去，"银行存款"这项资产减少 600 元，记录在贷方，我们可以写出会计分录：

借：制造费用　　　　　　　　　　　　　　　　　300
　　管理费用　　　　　　　　　　　　　　　　　300
　　贷：银行存款　　　　　　　　　　　　　　　　　　600

（2）开业 1 个月，甜品店对使用的固定资产计提折旧费用，其中，生产使用的固定资产计提折旧金额为 350 元，管理使用的固定资产计提折旧金额为 450 元。

没有接触过会计的朋友可能会疑惑，什么是折旧费用？为什么要计提固定资产的折旧？我们拿生活中常见的案例来说，假设我们花了 7 000 元买了一部新款的手机，这部手机在使用的过程中会发生磨损、消耗（电池越来越不耐用、手机经常会被我们磕磕碰碰，可用内存会越来越小），那么等到 5 年后，我们再去市场上卖这部手机的时候，可能只能卖 500 元，这减少的 6 500 元就是手机应该计提的折旧费用。同样的，甜品店的各种固定资产也应该计提折旧费用。

和前面水电费的处理类似，生产使用的固定资产的折旧费用也应该先归集在"制造费用"里面，增加在借方，管理使用的固定资产的折旧费用则放在"管理费用"里面核算，增加在借方。那么，固定资产计提了折旧，它的价值减少了，这部分减少的价值又要放在哪个账户呢？如果直接放在"固定资产"里面核算，计提了折旧，固定资产价值减少，应该计入贷方，这样，随着时间的推移，"固定资产"这个账户的金额会越来越少，我们查账的时候很难体现"固定资产"的原值和折旧的金额，所以我们专门设立了"累计折旧"这个账户，用来记录折旧的金额。"累计折旧"虽然是一个资产类账户，但是它与正常的资产类账户借贷方向完全相反，增加的时候计入贷方，减少的时候计入借方，属于跟"固定资产"唱反调的，备着用来抵减"固定资产"的价值，所以会计里面又叫作"备抵账户"。既然"累计折旧"是和"固定资产"这样正常的资产类账户反着来的，那么，折旧增加，"累计折旧"就应该计入贷方。我们可以写出会计分录：

借：制造费用   350

  管理费用   450

 贷：累计折旧   800

我们可以看出，制造费用已经归集了水电费的 300 元和固定资产折旧费的 350 元，总共 650 元，假设不考虑其他的因素，那么，这 650 元要怎么分配到具体的产品中去呢？我们需要找一个标准来进行分配，例如，我们可以按照生产小熊饼干和可可蛋糕的总工时来进行分配，从前面我们可以知道，"一点甜美"甜品店这个月总共生产了 100 盒小熊饼干和 300 个可可蛋糕，其中，小熊饼干全部由员工小张制作，做一盒小熊饼干需要 1 个小时，可可蛋糕由小张和小美共同制作，做 1 个可可蛋糕，小张需要花费 0.5 小时，小美也需要花费 0.5 小时，那么，小熊饼干的总工时 = $1 \times 100 = 100$ 小时，可可蛋糕的总工时 = $(0.5 + 0.5) \times 300 = 300$ 小时，这些产品总共的工时 = $100 + 300 = 400$ 小时，我们可以先算出一个总的分配率 = $650 \div 400 = 1.625$，也就是说，每生产一个小时需要花费 1.625 元，然后，我们可以算出小熊饼干应该负担的制造费

用 = 100 × 1.625 = 162.5 元，而可可蛋糕应该负担的制造费用 = 300 × 1.625 = 487.5 元。我们可以编出制造费用的分配表，如表 20 – 3 所示。

表 20 – 3　　　　　　　　　　制造费用分配表

2022 年 10 月 31 日

产品	分配标准（工时）	分配率	分配金额（元）
小熊饼干	100	1.625	162.5
可可蛋糕	300	1.625	487.5
合计	400	—	650

前面我们说过，制造费用先归集后还需要再结转到生产成本里面去，此时，制造费用减少，计入贷方，而生产成本增加，计入借方，同样地，为了搞清楚每种产品的成本，我们设置"生产成本——小熊饼干"和"生产成本——可可蛋糕"两个明细科目，我们可以写出会计分录：

借：生产成本——小熊饼干　　　　　　　　162.5

　　　　——可可蛋糕　　　　　　　　487.5

　贷：制造费用　　　　　　　　　　　　　　　650

那么，现在你可以帮助"一点甜美"甜品店算出产品的成本了吗？我们可以把前面的总结一下，为了制作小熊饼干，花费了直接材料 650 元，直接人工 1 400 元，制造费用 162.5 元，为了制作可可蛋糕，花费了直接材料 1 000 元，直接人工 4 200 元，制造费用 487.5 元，我们总共生产了 100 盒小熊饼干和 300 个可可蛋糕，因为我们是新开的店，期初没有在产品，假设期末也没有在产品，也就是所有的小熊饼干和可可蛋糕都是做好完工的状态，那么，制作 100 盒小熊饼干总共的生产成本 = 650 + 1 400 + 162.5 = 2 212.5 元，平均每盒的成本 = 2 212.5 ÷ 100 = 22.125 元，制作 300 个可可蛋糕总共的生产成本 = 1 000 + 4 200 +

487.5 = 5 687.5 元，平均每个的成本 = 5 687.5 ÷ 300 = 18.958 元。生产成本算出来了，随着产品验收合格，它就变成了我们的"库存商品"，我们就要将它从"生产成本"结转到"库存商品"里面去。"库存商品"就是那些已经完工并且验收合格入库的产品，属于资产类账户，借方表示增加，通俗地讲，结转就是搬家的意思，也就是说，"生产成本"得搬家，得减少，计入贷方，我们可以写出会计分录：

借：库存商品——小熊饼干   2 212.5

          ——可可蛋糕   5 687.5

  贷：生产成本——小熊饼干   2 212.5

           ——可可蛋糕   5 687.5

其实，我们从成本的核算可以看出，计算成本其实是一件比较复杂的事情，特别是对于生产型的企业来说更是如此。从计算过程我们可以看出，要想降低成本，我们也可以从直接材料、直接人工、制造费用三个方面去着手。首先是从材料着手，现实生活中确实有一些不法商家第一个想到的就是偷工减料，但是偷工减料势必会影响产品的品质，虽然短时间来看，成本降低了，利润有所上升，但是由于口味改变，消费者觉得不好吃，转向了其他品牌，这直接会导致后面业绩不断地下滑。所以，在降成本和保品质有冲突的时候，保品质还是得排在第一位。那么，我们能从哪些方面去降低生产成本呢？例如，提高工人的生产效率，生产产品的数量增加了，单位成本就能降低，或者提高机器设备自动化效能，降低人工成本等，这些都需要我们不断创新，提高我们的生产技术。

二十一、林一甜品店的经营日常
——销售业务的会计核算

　　"一点甜美"甜品店开业一段时间了，因为前期做了一定的宣传，所以开业期间生意还不错，人们凭着之前发放的宣传小扇子还可以抵减一定的金额，所以每天的销售量还不错。过了几天，小美发现，自己的店因为开在学校附近，很多顾客都是学生和学生家长，于是就花了200元，准备了一些适合学生的小礼品，如果购物超过一定的金额就可以参与抽奖获得，一般家长喜欢的是比较实用的小文具，而学生则喜欢收集各种各样的卡片、小玩具等。文具和玩具，家长和学生的关注点就如此不同。此外，小美还花100元印制了一些满减券，规定比如1周或者2周内使用有效，这样大大提高了回头客的消费频次。

　　经营甜品店的过程中，小美能接触到各种各样的人，体验不同的人间烟火。有急匆匆赶在上课前几分钟到店里拿起面包就不断催促结账的学生和学生家长，这时小美就会跟学生说："没事，你放学后再来给钱，下次记得早点别迟到了。"一来二去，这样的学生就成了店里的常客。有一次，有个小男生晨晨早上上学前来不及拿了面包就走了，到了放学也没来结账，过了好几天才来结账，小美都忘记这件事了，晨晨特意跟小美解释说："阿姨，这是我那天没给的11.3元钱，我不是故意不结账的，我是因为那天跑得太快脚扭了，休息了好几天才好，您看，我一好就来还钱了，妈妈说男子汉要说到做到。"小美惊讶地看着眼前的晨晨，果然，走路还有点儿一瘸一拐的，连忙安慰他："你真是个讲信用的男子汉，下次慢点跑，别再摔了，阿姨送你个小礼物，你过来挑选一张喜欢的卡片吧！"晨晨高兴极了。

还有一次，一个小女孩阳阳偷偷摸摸地从书包里拿出一个储蓄罐，跟小美说："阿姨，我想预定一个蛋糕，明天是我妈妈生日，我想给她一个惊喜，以前都是她给我买礼物，自己却不过生日，这次我攒够钱了，我可以买给她，您看，我存了好久的，都在这里了。"说着，就把储蓄罐里面的钱倒了出来，一个个地数，看着阳阳认真数钱的样子，小美感慨万千，都说孩子是"吞金兽"，是家长的负债，但眼前的小女孩，分明是巨大的财富和资产嘛。阳阳数了半天，一共113元，还差几元钱，有点着急，小美连忙安慰："没关系，你是今天的幸运客户，你订的蛋糕本来要120元，阿姨可以给你打九折，113元就可以了，你妈妈明天收到礼物一定很开心，因为你是个懂事和孝顺的孩子。"

林一和小美的甜品店每天都在进行着销售活动，就需要进行相关的会计核算。那么，究竟要如何进行销售业务的核算呢？

销售业务的会计核算

我们先来看看需要设置哪些会计账户。

首先，我们先来考虑收入。商品销售出去，我们的收入会增加，因为我们开的是甜品店，卖饼干、蛋糕、面包这些都是我们的主营业务，所以这部分收入叫作我们的"主营业务收入"，它是损益类账户，借方表示减少，贷方表示增加。与此同时，客户会给我们钱，如果一手交钱一手交货，我们的"银行存款"或者"库存现金"就会增加，这些都属于资产类账户，借方表示增加，贷方表示减少；而如果客户暂时没给我们钱，就像故事中的小男孩一样，我们就有个"应收账款"，它也属于资产类账户，借方表示增加，贷方表示减少；当然，还会有一种情况，就像故事中的小女孩一样，先把钱给我们，此时，我们相当于收了对方的钱，但是还没有提供商品给对方，属于我们的负债，叫作"预收账款"，它是负债类账户，借方表示减少，贷方表示增加，需要注意的是，此时，因为我们还没有把蛋糕做出来交给小女孩，我们还不能确认收入，因为收入的确认前提是客户已经取得了商品的控制权。

其次，我们再来看成本。为了获得销售收入，我们是付出了成本了，那么，既然商品销售出去了，我们的成本也应该结转出去。甜品店卖饼干、蛋糕、面包这些，取得的收入叫作"主营业务收入"，那么所产生的实际成本，就叫作"主营业务成本"，它是损益类科目，借方表示增加，贷方表示减少。与此同时，我们的商品销售出去，"库存商品"这项资产就减少了，减少在贷方。除此之外，销售的过程中可能还会出现一些费用，例如，广告费、包装费、运输费等等，在甜品店的故事中，小美为了促进销售，买了很多礼品还有印制满减券，这些都是为了销售而发生的费用，所以计入"销售费用"，它是费用类账户，借方表示增加，贷方表示减少。

初学会计的人很容易把收入和成本的两条线搞混淆，想着收到了钱，那么银行存款增加，货卖出去了，那么，库存商品减少，直接就写成：

借：银行存款

　　贷：库存商品

之所以会出现这样的错误，主要是因为我们的思维习惯还停留在消费者的层面，想着直接用货物就换成了钱。但是，如果真是这样的话，企业的利润从何而来呢？通过林一和小美定价的故事我们知道，库存商品是由生产成本结转而来，对应的是真实的成本，如果此时库存商品再结转到银行存款里面去，就是说成本价100元，收客户的金额也是100元，那企业不就没有任何利润了，这显然是不合理的。所以，我们需要以商人的视角来思考，牢牢记住收入和成本是两条线，只有收入高于成本我们才有利润可言。从收入这条线来看，核算收入，钱增加了；从成本这条线来看，结转成本，物减少了。

我们结合故事中的不同情形，具体来看。

1. 销售收入的核算

（1）"一点甜美"甜品店销售小熊饼干 5 盒，每盒 50 元，增值税 32.5 元，款项已经存入银行。

销售小熊饼干是甜品店的主营业务，销售出去就获得了"主营业务收入"，因为我们前面假定甜品店是一般纳税人，增值税可以抵扣，所以主营业务收入里面的金额应该是不含税金额，即：$5 \times 50 = 250$ 元，收入增加，计入贷方。增值税计入"应交税费——应交增值税（销项税额）"，企业销售了产品，产生了增值额，应交的税费增加 32.5 元，在贷方，与此同时，款项已存入银行，那么银行存款增加 282.5 元，计入借方。我们可以写出会计分录：

借：银行存款 282.5

　　贷：主营业务收入 250

　　　　应交税费——应交增值税（销项税额） 32.5

（2）"一点甜美"甜品店赊销给小男孩晨晨一袋面包，含税金额 11.3 元。

小男孩晨晨没给钱，到底能不能核算收入呢？是不是要等他给钱的时候再核算呢？答案是否定的，甜品店已经将面包交到了晨晨的手中，晨晨拥有了面包的控制权，并且，晨晨很可能会把钱给我们，我们当然就可以确认为收入，"主营业务收入"增加 10 元，计入贷方。增值税计入"应交税费——应交增值税（销项税额）"，应交的税费增加 1.3 元，在贷方。我们确实是没有收到钱，不过，我们却拥有了一项收款的权利，会计里面叫作"应收账款"，它是别人欠我们的钱，属于我们的资产，资产增加计入借方。我们可以写出会计分录：

借：应收账款 11.3

　　贷：主营业务收入 10

　　　　应交税费——应交增值税（销项税额） 1.3

（3）小男孩晨晨来到"一点甜美"甜品店还之前欠的面包款 11.3

元，以现金支付。

小男孩晨晨还了钱，那么，我们的"应收账款"就减少了，资产类账户减少计入贷方。与此同时，我们收到了现金，那么"库存现金"这项资产增加 11.3 元。我们可以写出会计分录：

借：库存现金　　　　　　　　　　　　　　　　11.3
　　贷：应收账款　　　　　　　　　　　　　　　11.3

（4）小女孩阳阳来"一点甜美"甜品店预定蛋糕，收到 113 元现金。

甜品店收到现金 113 元，那么"库存现金"增加 113 元，资产增加计入借方。那么，我们能核算收入吗？还不能，因为我们还没有做好蛋糕并且把蛋糕交给阳阳，我们还没有收款的权利，所以，此时还不能核算收入，只能算作我们增加了一项负债，叫作"预收账款"，"预收账款"就是我们收了客户的钱还欠客户的货没给，属于我们的负债，负债增加计入贷方。我们可以写出会计分录：

借：库存现金　　　　　　　　　　　　　　　　113
　　贷：预收账款　　　　　　　　　　　　　　　113

（5）小女孩阳阳第二天来"一点甜美"甜品店取走了预定的蛋糕。

对于甜品店来说，好像没有任何资金的往来，那么，是不是可以不用记账呢？表面上看，好像的确如此，但是，我们要想到，阳阳既然取走了蛋糕，我们就可以确认"主营业务收入"了，收入增加计入贷方。而之前的"预收账款"，因为现在我们已经把蛋糕给阳阳了，就不欠对方蛋糕了，这项负债就减少了，计入借方。我们可以写出会计分录：

借：预收账款　　　　　　　　　　　　　　　　113
　　贷：主营业务收入　　　　　　　　　　　　　100
　　　　应交税费——应交增值税（销项税额）　　13

2. 销售费用的核算

小美为了促销，花 200 元购买小礼品，花 100 元印制满减券，以银行存款支付。

小美买小礼品、印制满减券，这些都是为了促进销售，应该计入"销售费用"这个账户，销售费用增加，计入借方，而银行存款属于资产类账户，资产减少 300 元，计入贷方。我们可以写出会计分录：

借：销售费用   300
 贷：银行存款   300

3. 主营业务成本的结转

月底，小美计算出"一点甜美"甜品店的销售成本，其中，小熊饼干的销售成本为 4 500 元，可可蛋糕的销售成本为 3 500 元。

商品既然已经卖出去，就需要结转成本，也就是要将"库存商品"减少，"主营业务成本"增加，"库存商品"属于资产，减少在贷方，"主营业务成本"属于损益类账户，增加在借方，为了搞清楚每种商品的成本，我们以具体的产品来设置明细账，例如："库存商品——小熊饼干""库存商品——可可蛋糕""主营业务成本——小熊饼干""主营业务成本——可可蛋糕"。我们可以写出会计分录：

借：主营业务成本——小熊饼干   4 500
     ——可可蛋糕   3 500
 贷：库存商品——小熊饼干   4 500
    ——可可蛋糕   3 500

如何才能把销售收入提高？这恐怕是困扰所有企业的首要问题。从前面的核算过程我们可以看出，我们要么提高销售价格，要么提高销售数量。那么，如何提高销售价格并且消费者还能愿意为此买单呢？这其实非常考验企业家的能力，你必须拥有与众不同而又让人欲罢不能的独特魅力。如果是像小美的甜品店这样的餐饮业态，需要着重于产品的种类和口味，所谓"酒香不怕巷子深"。如果是科技类的企业，则要着眼于创新，正如格力的那句广告语："格力——掌握核心科技"，正是因为掌握了核心科技，格力的空调才能在卖得比别人贵的情况下还能销量惊人。当然，我们也可以在不提高价格的情况下想办法提高销售数量，所谓的薄利多销，不过，得是真正的"让利"，不是提高价格再打折的"套路"，毕竟"狼来了"的故事讲多了就不会有人信了，以"真心"才能换"真金"。

二十二、林一分蛋糕的故事
——利润形成及分配业务的会计核算

"一点甜美"甜品店也经营有一段时间了，到了年底，小美开始算今年的盈亏，经过盘点和计算，小美发现今年净利润为 10 万元。可是，怎么分配这 10 万元却成了一个困扰小美的难题。是都分掉还是说留一些？如果要留，留多少？甜品店王二也有投资，如果大家的意见不统一该怎么办？

林一建议小美说："不然全部分掉？王二当时有投资，肯定也想多分红呢。"小美想了想，回答道："那可不行，咱们蛋糕店今年才第一年经营，能够有利润其实很难得，但是难保明年是不是还能赚到钱，而且明年如果还有更换设备、扩大投资的需要，是需要钱的，咱们不能全部分掉，得留一些。"

林一说道："你说得也有道理，是需要留一些，那剩下的咱们不然找王二一起开个会商量一下怎么分吧。"

小美感慨道："好的，这做蛋糕容易，分蛋糕可真难啊！"

从林一和小美分蛋糕的故事来看，利润的分配也是一门学问。企业利润的形成与分配的过程，就好比做蛋糕和分蛋糕的过程。企业的利润是一段时间经营成果的体现，经营得越好，代表做的蛋糕越大，而蛋糕做好了，要如何分配，也要遵循一定的原则。

（一）利润形成的会计核算

要分配蛋糕，我们首先得搞清楚今年做的蛋糕有多大，也就是核算出净利润。

其实，净利润核算的过程我们可以通过利润表的编制看出。在利润表中，我们将利润分为营业利润、利润总额和净利润这三个层次。具体的计算过程如下：

1. 营业利润

营业利润其实就是企业经过一段时间的日常经营活动所获得的利润。像林一和小美经营的甜品店，日常经营活动就是生产和销售蛋糕、面包等各种甜品，那么，这种依靠日常的经营活动所获得的利润就叫作营业利润。对于林一和小美的甜品店而言，营业利润的简化计算公式为：

营业利润＝营业收入－营业成本－税金及附加－销售费用

－管理费用－财务费用

营业收入是企业日常的经营活动所创造的收入，包括主营业务收入和其他业务收入，以林一和小美的甜品店为例，主营业务收入就是卖蛋糕、面包等所取得的收入，而其他业务收入是除了主营业务以外的其他经营活动所产生的收入，例如，甜品店把多余的面粉卖掉，把闲置的设备拿出去出租等带来的收入。

营业成本是跟营业收入所对应的，指的是企业日常的经营活动所发生的成本，包括主营业务成本和其他业务成本，以林一和小美的甜品店为例，为了生产出蛋糕、面包而花费的成本是主营业务成本，而其他业务成本是除了主营业务以外的其他经营活动所产生的成本，例如，面粉的成本、出租设备的折旧等。

2. 利润总额

营业利润只包括日常的经营活动所产生的利润，但是，企业在经营过程中，也会发生一些非日常的活动。例如，甜品店有一天在晚上盘点的时候发现，现金多出来20元，怎么找都没找出来这20元到底是哪里来的，这种情况我们会计就认为是非日常的活动，因为你不可能天天平白无故多出来钱，会计里面就将这种偶然的利得叫作"营业外收入"。同样的，我们也有可能会有碰到一些意外的情况，例如，因为台风下暴雨，甜品店仓库里面的面粉被淹水、发霉变质了，这就是属于非日常的活动，会计里面将这种偶然的损失叫作"营业外支出"。"营业外收入"和"营业外支出"虽然不是日常活动带来的，但是也确实影响了我们的利润，所以在算利润总额的时候也需要考虑进去。利润总额的具体的计算公式为：

利润总额 = 营业利润 + 营业外收入 − 营业外支出

3. 净利润

净利润是税后利润，需要在利润总额的基础上再扣除所得税费用。净利润的计算公式为：

净利润 = 利润总额 − 所得税费用

我们国家的企业所得税是按年计算的，平时按月或者按照季度进行预缴，等到年终再进行汇算清缴，多退少补。

所得税费用的计算公式为：

所得税费用 = 应纳税所得额 × 所得税税率

应纳税所得额就是根据税法计算的利润总额，和我们会计上计算的利润总额有时候会存在着不一致的情形，我们应该按照税法的有关规定进行调整。

（二）利润分配的会计核算

计算出了净利润，那么，是否能随意分配利润呢？例如，像林一说的那样全部分掉？答案是否定的。根据《中华人民共和国公司法》的有关规定，首先得弥补以前的亏损，才能再按照下面的顺序进行分配。

1. 提取盈余公积

盈余公积是企业从每年的净利润中提取的具有专门用途的收益积累，主要包括法定盈余公积和任意盈余公积。法定盈余公积是按照

《中华人民共和国公司法》规定必须提取的，通常按照当年净利润的10%来提，如果达到注册资本的50%就可以不再提取。而任意盈余公积是每个企业根据自己的情况自己设定来提取的，没有强制要求。盈余公积的主要用途是可以用来弥补亏损、转增资本和分配股利。提取盈余公积体现的是一种"未雨绸缪"的智慧，可以拿来借鉴用于我们个人生活中，我们在日常生活中也可以学习这种操作，例如，将每月收入按照一定的比例提取一定的金额进行储蓄，作为教育基金、健康基金、购房基金等，这样才能在实际需要的时候不至于太仓促和无助。

2. 向投资者分配利润

提取完法定盈余公积后，企业就可以按照规定向投资者分配利润了，具体的分配金额是多少，取决于董事会决议，也就是故事中林一和小美需要找另外的股东王二来商量才能决定，正常来说，分配现金股利一般需要先宣告再发放两个过程，就好比下雨之前我们会先听到雷声再看到雨点，宣告发放就相当于听到了雷声，此时还没有实际发放，所以对于企业来说是负债，叫作"应付股利"，而实际发放的时候，"应付股利"这项负债才会真正减少。企业在完成分配后，最后剩余的叫作未分配利润，留到以后再来分配。

企业的经营过程也就是这样做蛋糕分蛋糕的过程，我们需要做的，不仅是把蛋糕做大，还要注意分配的合理，个人如此，企业也是如此。

生活篇　美好生活不是梦

二十三、林一管仓库的故事
——发出材料的计价方法

　　林一是个仓库管理员，他每天的工作就是管理仓库里的面粉，他所在的工厂是生产面包和蛋糕的，所以需要大量的面粉。小美是林一厂里面新来的会计，林一很喜欢小美，又不敢表白，只能默默关注她。这天，林一看到小美闷闷不乐，就连忙问小美："怎么啦？发生什么事情了吗？"小美回答道："哎呀，可愁死我了，林哥，你看，这不月底了嘛，老板今天突然问我，我们这个月仓库里面还剩下多少钱的面粉，还有发出去的面粉总共值多少钱，一下子给我问懵了，没回答上来。你说，我们隔几天就要进一次货，每次进货的价格还都不一样，我哪里能准确地知道这仓库里面发出去的面粉和剩下的面粉值多少钱呀？"

　　林一连忙安慰道："是啊，听你一说是挺复杂的。不过，我可以帮你啊，你看，我刚好就是管仓库的，我们平时面粉进进出出都有登记的，这样，我给你留个心，每次收发面粉的时候我都一个个地去对一下，看是什么时候进的货，进货价格是多少，等你需要的时候我就报给你哈。"

　　小美听了感动不已，连忙谢谢林一。一来二去，两人越发熟络起来。可是，时间久了，两人就发现这样做很麻烦，也很耗时。例如，有一天，蛋糕车间的工人小张来找林一领面粉，因为要的量比较大，林一为了清点清楚到底发出去的面粉是什么时候进的，进货价是多少，就花了一个小时，可是车间的工人还都等着面粉去做蛋糕呢，这要是耽误了生产，老板可是要扣钱的。看着林一慢悠悠地挨个查看和登记，小张急得像热锅上的蚂蚁，恨不得跟林一打起来。

小美听说了，很是愧疚，连忙安慰林一："林哥，真不好意思，你看你为了帮我，跟小张起了冲突，委屈你了。"

林一连忙回答道："你不用道歉，这不是你的错。小张本来就比较拖拉，他领导老刘前天就交代他过来领面粉，他墨迹到今天才来，一来就火急火燎地说车间马上就没面粉了，一直在那里催我，恨不得我一分钟就给他清点好，我就想让他体会一下做事情拖拉的后果。再说，他要领那么大的量，我得一个个清点清楚，也没办法快呀。"

小美连忙说道："原来是这样啊，不过，林哥，我看你这样一个个核对，我们算成本虽然很准确，但是工作量实在是太大了。万一下次还有其他车间一下子领这么多的时候，不是也很费时间，你看我们是不是想想看有没有什么更快的办法？"

林一想了想，回答道："你这么一说，我倒是想起来。你看，我们的面粉是有保质期的，所以我们平常发货的时候，一般会先把保质期比较靠前的先发出去，一般情况下，这跟我们进货的时间也是大体相同的，你看，要不然这样，我们都默认把先买进来的优先发出去，这样，我发货的时候就不用一个个去对了，会更快些，你算账也快，你觉得怎么样？"

小美连忙回答道："好的，就按照这个方法做，还是林哥有办法，谢谢林哥。"

林一听了，心里乐开了花。果然，自从改进了方法之后，林一发货的速度也快了，小美算账也更快。可是，又过了一段时间，因为之前持续降雨引发水灾，小麦减产，面粉价格持续上升，从月初的 2 元/斤涨到月底的 4 元/斤，这就造成小美在算成本的时候算的不够准确。例如，因为默认先进货的先发出去，就会导致剩下来的成本是比较接近 4 元/斤的，但实际平均价格可能在 3 元/斤左右，那么，剩下来的面粉成本就可能被算高了，而发出去的都是按接近 2 元/斤算的，就会导致发出去的那部分面粉的成本算便宜了。成本和利润可是老板关心的两个非常重要的问题，可不能含糊。于是，小美又找林一一起商量："林哥，你看，上次的方法虽然说很好，但是，如果碰到这样价格一直涨或者价格一直跌的时候就会算的不准确，咱们老板可是一直盯着成本看，你说有没有既简单又比较准确的办法呢？"

林一回答道："又简单又准确？这可真是有点难。你看，要不然这样，这价格一直涨，干脆呀，你平时就别管它了，等到月底的时候就一次性地算个平均价，然后，发出去多少还有剩下多少，我就报给你个数，你用那两个数把平均价格一乘就得了，反正老板也不会天天盯着你问。"

小美连忙回答道："好主意，就按你说的办。"

可是，好景不长，没过几天，林一又看见小美愁眉苦脸的，特别委屈，赶紧过去问怎么回事，小美告诉林一："林哥，你有所不知，我又被老板骂了。他说最近面粉价格一直涨，问我说我们仓库里面还剩下多少钱的货，还有目前发出去的面粉成本是多少，要给个准确的数，他好决定面包至少要涨多少钱的价。我只好回答他说，老板，我现在还算不出来，要等到月底才能给结果。老板大发雷霆，说我偷懒，等到月末再调价估计都来不及了。林哥，你说，老板又要准确的数，又要快，还要随时能报告给他，实在是太难了！"

林一连忙安慰小美："是的，的确很难，你先别急，我来帮你一起想办法。"后来，林一通过各种学习，打听，终于找到一个方法，他连忙告诉小美："小美，你看，我们可以综合一下之前的几种方法，每次，如果有进货的时候，我们就算一下平均的单价，这样，老板平时问的时候，我们就能答得出来，而每次发货的时候呢，我们就用上次进货完的那个平均单价去乘以发货的数量，这样，发货的时候也简单，还可以避免不准确的问题，不过，唯一比较麻烦的就是每进一次货就要算一次平均的单价，你看怎么样，能行吗？"

小美赶紧回答："麻烦是比之前一个月算一次麻烦一些，不过，总比被老板一直骂强，而且，也能随时给老板反馈。谢谢林哥，我要多多向你学习！"

后来，两人共同成长、进步，遇到问题一起想办法解决，两人也很自然地走在了一起，小美的朋友问小美："你看上林一哪里了？"小美回答道："也许你们都觉得他只是个管仓库的，而我觉得，他自己就是一个宝贵的仓库，在我需要他的时候，他都在那里，不会袖手旁观，而是为我打开，而且，开启这把门的钥匙，就在我手上。"

从林一管仓库的故事中，我们看到林一在计算面粉的成本时，用到了几种不同的方法，这其实就是会计上计算发出材料的四种计价方法：个别计价法、先进先出法、月末一次加权平均法和移动加权平均法。

发出材料的计价方法探讨的是生产型的企业在原材料发出去时按照什么方法计算成本的问题。在日常生活中，我们如果有去市场买菜的经历就很好理解企业为什么会有这种困扰。例如，我们如果早上去菜市场买猪肉，可能是 30 元/斤，等到了中午或者傍晚快收摊的时候再去买，可能就降价降到了 25 元/斤。日常商品的价格经常会发生波动，对于企业来说，如果每次买入的原材料的价格不一样，那么，我们要怎么才能知道发出去的原材料到底成本是多少呢？

发出材料的计价方法

我们可以结合林一管仓库的故事来看，为了更好理解，我们以具体的数字举例。假设，林一所在的仓库，月初的时候还剩下 100 斤面粉，进货价格是 2 元/斤，本月 5 日，购进 200 斤面粉，进货价格是 2.5 元/斤，本月 8 日，发出去 200 斤，本月 15 日，又购进 300 斤面粉，进货价格是 3 元/斤，本月 20 日，发出去 200 斤，本月 28 日，又购进 100 斤面粉，进货价格是 4 元/斤。老板需要知道月末剩余的面粉的成本和本月总共发出去的面粉的成本。

1. 个别计价法

个别计价法，顾名思义，就是一个个地辨认发出材料所属的购进批次，确定发出材料的成本和期末存货的成本的方法。在林一管仓库的故事中，林一最开始就是使用的这种方法。假设，经过逐一辨认，本月 8 日，发出去的 200 斤，有 50 斤属于月初剩下的，进货价格是 2 元/斤，有 150 斤属于 5 号购入的，进货价格是 2.5 元/斤。本月 20 日，发出去的 200 斤，有 50 斤属于月初剩下的，进货价格是 2 元/斤，有 150 斤属于 15 日购入的，进货价格是 3 元/斤。我们可以根据 T 型账户来比较直观地记录，原材料账户属于资产类账户，借方表示增加，贷方表示减少，为了统一，我们将单价放在前面，数量放在后面，例如，期初结余的单价为 2 元/斤，一共 100 斤，我们统一写成 2×100，原材料进货就会增加，增加计入借方，发出去就会减少，减少计入贷方，原材料入库和出库的日期我们用括号里的数字表示，例如，5 日入库，就是"（5）"，那么，我们可以画出原材料的 T 型账户如图 23 - 1 所示。

借	原材料	贷
期初 2×100		
（5）2.5×200		2×50
	（8）200 → 2.5×150	
（15）3×300		2×50
	（20）200 → 3×150	
（28）4×100		
期末 300		

图 23 - 1　个别计价法 T 型账户

从图 23 - 1 中的 T 型账户中我们可以看出，本月发出去的面粉成

本 $=2\times50+2.5\times150+2\times50+3\times150=1\,025$ 元，那么，期末结存的面粉成本可以用两种方法算出来：第一种，是用全部入库的面粉的总成本减去本月发出去的面粉成本，即期末结存的面粉成本 $=2\times100+2.5\times200+3\times300+4\times100-1\,025=975$ 元；第二种，我们直接看期末剩余的 300 斤面粉的具体构成，经过逐一分析我们可知，剩下的 300 斤，有 50 斤属于 5 日购入，进价 2.5 元/斤，有 150 斤属于 15 日购入，进价 3 元/斤，有 100 斤属于 28 日购入，进价 4 元/斤，那么加总起来就可以算出期末结存的面粉成本，即期末结存的面粉成本 $=2.5\times50+3\times150+4\times100=975$ 元，两种方法殊途同归，都可以计算出期末结存的面粉成本。

从林一管仓库的故事中，我们可以看出，采用这种方法虽然计算非常的准确，但是用于分辨的工作量很大，所以一般比较适合像珠宝、名画这一类比较贵重的物品。

2. 先进先出法

先进先出法也就是假设先购进的存货先发出，来确定发出存货的成本及期末结存成本的方法。在林一管仓库的故事中，林一第二次用的就是这种方法。也就是说，我们假定先购进的面粉先发出去，还是以刚才的例子来看，如果按照先进先出法，我们在 8 日发出去的 200 斤里面，一定包含期初的 100 斤，进货成本为 2 元/斤，不够的再从 5 日进的货中取走 100 斤，进货成本为 2.5 元/斤，而 20 日发出去的 200 斤里面，先发出 5 号进的货中剩下的 100 斤，进货成本为 2.5 元/斤，再从 15 号进的货中取走 100 斤进货成本为 3 元/斤。为了更直观一些，我们可以画出 T 型账户，如图 23 - 2 所示。

从 T 型账户我们可以看出，本月发出去的面粉成本 $=2\times100+2.5\times100+2.5\times100+3\times100=1\,000$ 元，那么，期末结存的面粉成本可以用两种方法算出来：第一种，是用全部入库的面粉的总成本减去本月发出去的面粉成本，即期末结存的面粉成本 $=2\times100+2.5\times200+3\times300+4\times100-1\,000=1\,000$ 元；第二种，我们直接看期末剩余的 300 斤

借　　　　　　　　　　　原材料　　　　　　　　　　贷

期初　2×100

（5）2.5×200

　　　　　　　　　　　　　　　　　　2×100
（8）200

　　　　　　　　　　　　　　　　　　2.5×100
（15）3×300

　　　　　　　　　　　　　　　　　　2.5×100
（20）200

（28）4×100　　　　　　　　　　　　3×100

期末　　　300

图 23 – 2　先进先出法 T 型账户

面粉的具体构成，我们假设先购进的先发出去，那么，剩下的 300 斤，一定是后购进的，我们可以用倒推的方式，有 100 斤属于 28 日购入，进价 4 元/斤，有 200 斤属于 15 号购入，进价 3 元/斤，那么加总起来就可以算出期末结存的面粉成本，即期末结存的面粉成本 = 3 × 200 + 4 × 100 = 1 000 元，两种方法殊途同归，都可以计算出期末结存的面粉成本。

从林一管仓库的故事中，我们可以看出，采用这种方法可以随时算出发出存货的成本和结存的存货成本，但是如果物价持续上升或者持续下降，就会导致成本的计算不够准确。我们与个别计价法对比一下就会发现，如果按照个别计价法，我们算出的发出材料成本为 1 025 元，这是真实的，是我们通过逐一辨认出来的，而通过先进先出法，我们算出的发出材料成本为 1 000 元，这是我们按照假设先进来的先发出计算出来的，会比真实的发出材料成本更低。而期末结存的面粉成本，在物价持续上升的情况下，采用先进先出法算出来的为 1 000 元，比实际的成本，也就是采用个别计价法算出的成本 975 元更高一些。

3. 月末一次加权平均法

月末一次加权平均法，也就是平时不计算成本，等到月末一次性地计算。为了更直观一些，我们可以画出 T 型账户，如图 23 – 3 所示。

借	原材料	贷
期初 2×100		
（5）2.5×200		（8）$200 \longrightarrow 2.857 \times 200$
（15）3×300		（20）$200 \longrightarrow 2.857 \times 200$
（28）4×100		
期末 300		

图 23-3 月末一次加权平均法 T 型账户

具体而言，先要计算总体的单位成本，计算公式为：

存货单位成本 = 总成本 ÷ 总数量

$$= \Big[月初库存存货成本 + \sum (本月各批进货的实际$$

$$单位成本 \times 本月各批进货的数量) \Big] ÷ (月初库存$$

$$存货的数量 + 本月各批进货数量之和)$$

我们按照公式可以算出本月面粉的单位成本 = $(2 \times 100 + 2.5 \times 200 + 3 \times 300 + 4 \times 100) ÷ (100 + 200 + 300 + 100) = 2.857$ 元/斤。

那么，本月发出的面粉的成本 = $2.875 \times 400 = 1\,142.86$ 元，那么，期末结存的面粉成本可以用两种方法算出来：第一种，是用全部入库的面粉的总成本减去本月发出去的面粉成本，即期末结存的面粉成本 = $2 \times 100 + 2.5 \times 200 + 3 \times 300 + 4 \times 100 - 1\,142.86 = 857.14$ 元；第二种，我们直接用期末剩余的 300 斤乘以单位成本，即期末结存的面粉成本 = $2.875 \times 300 = 857.14$ 元，两种方法殊途同归，都可以计算出期末结存的面粉成本。

我们从林一的故事中可以看出，这种方法计算非常简单，平时不用算，等到月末一次性计算，可以大大减少工作量，但是平时没办法从账面上算出发出存货的单价和金额，只能等月底才行，这样不利于日常管理与控制。

4. 移动加权平均法

移动加权平均法是综合了月末一次加权平均法和先进先出法优点的一种方法，总的来说，就是每次进货都按照加权平均法计算出单位成本，作为在下次进货前计算各次发出存货成本依据的一种方法。具体存货单位成本的计算公式为：

存货单位成本＝（原有库存存货实际成本×本次进货实际成本）

÷（原有库存存货的数量＋本次进货数量）

$$\begin{array}{c}\text{本次发出}\\\text{存货的成本}\end{array}=\begin{array}{c}\text{本次发出}\\\text{存货的数量}\end{array}\times\begin{array}{c}\text{本次发货前}\\\text{存货的单位成本}\end{array}$$

为了更直观一些，我们可以画出 T 型账户，如图 23-4 所示。

图 23-4　移动加权平均法 T 型账户

这种方法我们每一次进货都要计算一次单位成本，本月有 3 次进货，那么，我们就需要计算 3 次单位成本。我们先看 5 日进完货的单位成本，按照计算公式，5 日进完货的单位成本＝（2×100＋2.5×200）÷（100＋200）＝2.333 元/斤，那么，8 日发出去的面粉的成本＝2.333×200＝466.67 元。15 日进完货，又需要计算一次单位成本，因为 8 日发出去 200 斤面粉，仓库里还剩下 100 斤，这 100 斤面粉的单位成本为 2.333 元/斤，按照计算公式，15 日进完货的单位成本＝（2.333×100＋3×300）÷（100＋300）＝2.833 元/斤，那么，20 日发出去的面粉的成

本 = 2.833 × 200 = 566.67 元。28 日进完货，还需要计算一次单位成本，因为 20 日发出去 200 斤面粉，仓库里还剩下 200 斤，这 200 斤面粉的单位成本为 2.833 元/斤，按照计算公式，28 日进完货的单位成本 = (2.833 × 200 + 4 × 100) ÷ (200 + 100) = 3.222 元/斤。

那么，本月发出的面粉的成本 = 2.333 × 200 + 2.833 × 200 = 1 033.33 元，那么，期末结存的面粉成本可以用两种方法算出来：第一种，是用全部入库的面粉的总成本减去本月发出去的面粉成本，即期末结存的面粉成本 = 2 × 100 + 2.5 × 200 + 3 × 300 + 4 × 100 − 1 033.33 = 966.67 元；第二种，我们直接用期末剩余的 300 斤乘以单位成本，即期末结存的面粉成本 = 3.222 × 300 = 966.67 元，两种方法殊途同归，都可以计算出期末结存的面粉成本。

我们从林一管仓库的故事可以看出，这种方法可以帮助老板及时了解存货的结存情况，并且计算的结果也比较客观，比较接近真实的情况。但是由于每次进货都要计算一次单位成本，工作量相对较大，不过，好在现在计算机能代替人工解决计算问题，能够减少不少工作量。

二十四、林一炒股的故事
——财务报表分析

　　林一大学毕业后工作了几年，手上有了一点积蓄，放在银行吧，利息太低，还赶不上通货膨胀的速度，买房吧，门槛太高，自己还买不起，也没有其他的投资渠道。林一听朋友说最近股市行情很好，自己也想试一试。看着身边的朋友有的通过炒股赚到的钱比自己一个月的工资还多，林一羡慕不已，也跟着赶紧投身股市。刚开始的时候，林一各种研究行业、分析公司财务报表，学看 K 线图，也比较谨慎，朋友买什么他就跟着买，买的也不多，不过，自己买的有一只股票一下子来了两个涨停，林一觉得自己可能是有炒股的天赋，就赶紧加仓，将自己所有的钱都投资到股市里面去了。不到 1 个月的时间，林一就赚到了超过自己 2 个月的工资，林一心想，要是按照这个速度，自己估计很快能够实现财务自由，到时候就不用天天上班，可以环游世界，反正动动手指就能在股市上赚钱，幻想着自己成为下一个"巴菲特"。林一每天看见账面上的持仓收益越来越多，心里特别开心，想着再多赚一些就可以落袋为安。可是，好景不长，突然有一天，大盘暴跌，自己买的股票也是全部下跌，前面赚的钱都赔了回去。林一心想，没事，应该不会持续太久就又会涨起来，如果现在卖出，岂不是"割肉"，承认自己判断有误？第二天，股票继续下跌，第三天，还是下跌，林一心态崩了，后悔当初赚钱的时候没有见好就收，可是现在撤退就意味着自己辛辛苦苦上班赚的钱付诸东流，林一很不甘心，但又无可奈何，每天只能看着自己股票账户上的钱越来越少，两眼泛起"绿光"。

林一的炒股经历应该能引起很多股民的共鸣，股神巴菲特曾经说过，投资成功的关键在于，当市场价格大大低于经营企业的价值时，买入优秀企业的股票。那么，我们要怎么判断一家企业是否优秀呢？巴菲特也曾经建议：如果打算在股市上挑选公司进行投资，最好看一下这家公司至少五年的财务报表。财务报表可以帮助我们快速地了解企业过去的经营状况，那么，什么是财务报表？我们应该怎样看懂财务报表呢？

财务报表分析

财务报表就好比企业的简历和成绩单，现实生活中，人们往往被密密麻麻的数字和报表吓退，说自己完全不懂财务报表。但其实，如果有过相亲的经历，我们就可以轻松理解财务报表的逻辑。

因为，很多人相亲之前都会问对方的财务状况，对方是否有房有车？是否有负债？这些其实就是我们的第一张报表——资产负债表里面所体现的内容。企业的资产负债表其实就是介绍企业在某个时间节点上的财务状况，有多少资产，其中多少是找别人借的，多少是属于所有者的，通过资产负债表都能一目了然地看出来，它遵循会计等式：资产 = 负债 + 所有者权益。资产负债表的左边是企业拥有的各种资产，按照变现能力的强弱依次排开，变现能力最强的叫作货币资金，在最前面，充当排头兵，变现能力弱的，例如，车、机器设备这类的固定资产就排在后面。资产负债表的右边是企业拥有的各种负债和所有者权益，也就是左边的这些资产归谁所有，如果是借来的欠别人的叫作负债，负债则按照偿还期限的长短来排列，得 1 年以内还的排在前面，超过 1 年的排在后面，这也很好理解，正常我们肯定先考虑短期内的是否有能力偿还。而所有者权益则是真正属于我们所有者自己的，属于所有者真正的家底。所有者权益按照稳定性的强弱来排列，最稳定的是企业实际收到的资本金，叫作实收资本，最不稳定的是未分配利润，如果股东开会决定分配利润，那么这部分就会减少。资产负债表是个静态的报表，它只能代表这一刻企业的财务状况，因为下一刻随时会发生变化。一位富豪，如果沾染了不好的行为习惯，如赌博之类的，或者作出了错误的投资决策，那么，谁又能保证他的资产负债表能持续光鲜呢？

所以，除了关心对方当前的财务状况，我们往往还会关注对方的工作情况，年收入多少？平时花销大不大？是不是"月光族"？这些其实就是我们的第二张报表——利润表里面所体现的内容。利润表遵循的会计等式为：收入 – 费用 = 利润。也就是说，经过一段时间的经营，到底收入多少？费用成本又是多少？是赚钱了还是亏钱了？如果收入 > 费用，企业才有利润可言，所以企业需要将所有的收入和所有的费用都一一算出，利润表向我们呈现的也就是利润是怎么一步步计算出来的。首先是我们日常的经营活动所创造出来的利润，叫作营业利润，一家企业是否赚钱首先要看营业利润，优秀的企业应该具有持续盈利的能力，靠日常的经营活动赚钱。但是，企业除了日常的经营活动以外，可能还有一些非日常的利得和损失，就像我们日常生活中也可能因为没有规范停车被贴罚单一样，营业利润加上营业外收入减去营业外支出就是我们的利润总额，在利润总额的基础上，还需要计算应该缴纳的所得税是多少，而真正扣除完所得税，才是我们的净利润。有的企业收入高，但是成本费用也高，真正的净利润没有多少，也就是好卖不赚钱，甚至赔本赚吆喝。就像现实生活中有的人收入高，但是生活开支也高，真正并没有多少盈余，甚至是月光族。也有人收入不高，但是生活支出较高，日常靠举债维持生活，这样的模式是不可持续的，企业也是如此，如果没有开源节流，量入为出的观念和能力，最终只能走向破产。

除了这些，我们还关注对方会不会过日子，懂得经营生活。其实，这就是现金流量表所反映的内容。爱情固然美好，但现实生活往往是围绕着柴米油盐酱醋茶展开，巧妇难为无米之炊。企业的现金流量表关注的就是"会不会没米下锅"的问题。总体来说，企业的现金流来自三个方面：经营活动产生的现金流、投资活动产生的现金流、筹资活动产生的现金流。结合现实生活，我们更好理解，一个人的现金流，或者来自于平时的工作收入和日常生活支出，或者来自投资，例如，买卖股票、买卖固定资产，或者就是找人借或者吸收别人对我们的投资而得来的。现金流量表的编制采用的是现收现付制，相对来说更为直观，结合生命周期理论，我们可以总结出主要的四种类型：第一，投入期，类似于我们的幼儿或者少年时期，因为我们不会赚钱只会花钱，全靠父母的养育，所以经营活动产生的现金流为负数，投资活动产生的现金流为负数，筹资活动产生的现金流为正数，很多企业也是如此，最开始全靠金主支撑；第二，成长期，类似于我们的青年时期，此时，我们刚刚走入社会，学会赚钱，但是积累不多，有时甚至仍需父母或者亲人帮衬，所以经营活动产生的现金流为正数，投资活动产生的现金流为负数，筹资活动产生的现金流为正数；第三，成熟期，类似于我们的中年时期，工作小有积累，收入增加，但是也得承担上有老下有小的负担，此时经营活动产生的现金流为正数，投资活动产生的现金流为负数，筹资活动产生的现金流为负数；第四，衰退期，类似于我们的老年时期，没有了工作，只能靠退休金勉强支撑日常生活，还好年轻时有所积累，靠着一些积蓄进行投资，此时经营活动产生的现金流为负数，投资活动产生的现金流为正数，筹资活动产生的现金流为负数。当然，这是一部分的情况，并不能完全概括所有的情形，我们也可以结合实际情况进行分析，判断企业所处的生命周期。

事实上，除了以上的这些，我们可能还会关注一些其他的情况，如果有一些重要的事项发生，也需要在附注中说明，对于三张表中有疑问或者认为异常的变动指标，我们就需要在附注中找合理的解释。如果能合理的解释我们还能接受，不合理的地方就需要小心了。这和相亲是一样的，例如，我们会关心对方之前的经历，如果有不合理的地方，也需要尤其注意。

搞清楚了财务报表编制的逻辑，我们就可以结合很多方法来进行分析，最常用的就是比较分析法和比率分析法。

1. 比较分析法

比较分析法其实在我们日常生活中运用得比较多，其实就是将企业某一时期的财务指标与基准数进行比较，算出其中的差异。具体来说，包括三种形式的比较：

（1）本期实际报表数据与预计的报表数据进行比较。就好比有些父母喜欢问孩子的考试分数，孩子刚考完，预估能考 90 分，结果实际只考了 80 分，进而就要分析造成差异的原因。企业也是如此，预估的净利润如果跟实际产生差异，也得分析原因，寻求改进。

（2）本期实际报表数据与以前实际报表数据进行比较。比如同样是考试分数的问题，如果这次考了 80 分，有些父母就会说上次都考了 90 分，进而分析成绩退步的原因。企业也是如此，需要拿本期的数据和以往的数据进行对比，看经营效率等是否有提升。

（3）本企业实际报表数据与同行业同类型的其他企业实际报表数据进行比较。比如有些父母在知道自己孩子考了 80 分之后，就会问其他之前成绩相近的同学的分数，看看自己孩子与其他同学的差距。企业也需要随时了解与同行的差距，看有哪些仍需要改进的地方，投资者也可以通过同行业的对比了解行业整体的情况。

2. 比率分析法

所谓的比率分析其实就是将两个数字相除得到一个比率，常用的比率指标有三类：偿债能力比率、营运能力比率和盈利能力比率。

（1）偿债能力顾名思义，就是看企业偿还到期债务的能力。债务到期是否能正常偿还非常重要，这是最基本的信用，为人处世或者经营企业，最重要最基本的就是注重诚信。具体来说，衡量偿债能力常用的有流动比率和速动比率。

流动比率就是企业流动资产和流动负债的比率，具体的公式如下：

$$流动比率 = 流动资产 \div 流动负债$$

流动比率越大，代表企业短期的偿债能力越强，从债权人的角度，流动比率越高，代表企业的短期偿债能力越强，而从企业经营者的角度来看，流动比率不是越大越好，因为流动资产越多，相应的盈利能力就会越低，所以流动比率最好控制在合理的范围内，一般认为，流动比率在2∶1比较合适，不过，不同行业会有所不同，需要结合具体的行业特点和企业所处的阶段以及经营策略进行综合分析。

速动比率是企业速动资产与流动负债的比率，具体的公式如下：

$$速动比率 = 速动资产 ÷ 流动负债$$

$$速动资产 = 流动资产 - 存货$$

之所以计算速动资产的时候要将存货剔除，主要考虑到现实生活中，存货是流动资产里面变现能力较差的资产，如果市场行情不好，存货容易造成积压，无法变现，所以，用速动比率来判断企业的短期偿债能力更为准确。一般认为，速动比率在1∶1比较合适。不过，不同行业也会有所不同，也需要结合行业平均水平和企业的经营策略等来进行综合分析。

（2）营运能力比率主要用来评价企业的资产管理效率。最常用的主要有应收账款周转率和存货周转率。

应收账款周转率指的是销售净额与应收账款平均余额的比率，可以反映企业应收账款收回的速度。具体的公式如下：

$$应收账款周转率（次数）= 赊销净额 ÷ 平均应收账款余额$$

$$赊销净额 = 销售收入 - 现销收入 - 销售折扣与折让$$

$$平均应收账款余额 = （期初应收账款余额 + 期末应收账款余额）÷ 2$$

一般来说，应收账款周转率越高，表示企业的应收账款回款时间越快，可以减少坏账的发生。不过，应收账款周转率有时候也会受到年末促销等因素的影响，应该综合比较企业之前的指标和同行业其他企业的指标来作出判断。

存货周转率指的是销货成本与存货平均余额的比例，可以反映企业存货的周转速度。具体的公式如下：

$$存货周转率 = 销货成本 ÷ 平均存货余额$$

$$平均存货余额 = （期初存货余额 + 期末存货余额）÷ 2$$

一般来说，存货周转率越高，表示企业的存货周转速度越快，存货积压的风险越低。不过，存货周转率可能受到发出存货的计价方法的不同的影响，所以，进行比较的时候也要综合行业特征、企业的自身特点和不同会计处理方式的影响。

（3）盈利能力比率是指企业赚取利润的能力。比较常用的有毛利率、核心利润率、销售净利率、总资产报酬率和净资产报酬率。

①毛利率是毛利与营业收入的比率，用来衡量企业的初始盈利能力，具体的公式如下：

$$毛利率 = 毛利 ÷ 营业收入 × 100\%$$

$$毛利 = 营业收入 - 营业成本$$

一般来说，毛利率越高，表示企业产品的竞争力越高，当然，不同行业的企业不能放在一起比较，而同一行业同品类的公司间，毛利率高的则更具有优势。

②核心利润率是核心利润与营业收入的比率，它是将企业的核心利润与收入进行对比，能够更为准确地反映企业经营活动的盈利能力。具体的公式如下：

$$核心利润 = 毛利 - 税金及附加 - 销售费用 - 财务费用 - 管理费用$$
$$- 研发费用 - 利息费用$$

$$核心利润率 = 核心利润 ÷ 营业收入 × 100\%$$

毛利率相对来说比较粗犷，而核心利润率则更为细腻，因为还剔除了税金及附加和各项费用，能更为准确地反映企业在日常经营活动中的盈利能力。

③销售净利率指的是净利润与营业收入的比率，具体的公式如下：

$$销售净利率 = 净利润 ÷ 营业收入 × 100\%$$

销售净利率可以理解为每 1 元销售收入可以带来多少的净利润，如果企业的净利润中，投资收益、公允价值变动损益等这些项目的金额较大，那么这项比率就会失去意义。

④总资产报酬率是息税前利润与平均资产总额的比率，具体的公式如下：

$$总资产报酬率 = 息税前利润 \div 平均资产总额 \times 100\%$$

$$息税前利润 = 利润总额 + 利息费用$$

$$平均资产总额 = (期初资产总额 + 期末资产总额) \div 2$$

总资产报酬率表示企业的全部资产获取利润的水平，比率越高，代表企业投入产出水平越高，一般来说，需要与企业前期比率和同行业企业的比例进行对比来作出综合判断。

⑤净资产报酬率是净利润与净资产平均余额的比率，具体的公式如下：

$$净资产报酬率 = 净利润 \div 净资产平均总额 \times 100\%$$

$$净资产平均余额 = (期初净资产余额 + 期末净资产余额) \div 2$$

净资产报酬率表示投资者投入企业的资本获取净利润的能力，一般认为，比率越高，企业获利能力越强，投资者享有的净利润越多，投资者可以将该比率与自己想要的收益率作比较，决定是否继续投资。

（4）股票市场常用指标。股票市场常用的指标还有市盈率、市净率、每股收益、每股净资产等。

①市盈率是反映市场对于企业的期望的指标，简称 PE。该比率越高，表示市场对企业的前景越看好。具体计算公式为：

$$市盈率 = 普通股每股市价 \div 每股收益$$

一般来说，市盈率在 20 左右是比较合理的水平，太高表明可能存在泡沫，购买需谨慎，由于行业不同，很难说市盈率多少才合适。并且仅仅从市盈率的高低来判断企业是否值得投资并不靠谱，因为市盈率并不是越低越好，一个上市公司市盈率低可能是因为市场认为该公司发展潜力有限。

②市净率是每股股价与每股净资产的比率，是评价企业股价高低的一个参考指标。具体计算公式为：

$$市净率 = 每股股价 \div 每股净资产$$

一般来说，市净率越低的股票，其风险系数越少，该比率越高，则股价被高估的可能性越大。

③每股收益是反映企业一定时期普通股东每股所享有的净利润多少的指标，具体计算公式为：

$$每股收益 = 在一段时期的净利润 \div 发行在外的普通股加权平均数$$

一般来说，每股收益越高，投资者的投资效益越高，投资者获得股利分配的可能性也就越大。

④每股净资产是净资产与普通股股数的比率，反映股东权益的含金量，它是公司历年经营成果的长期累积。具体计算公式如下：

$$每股净资产 = 净资产 \div 普通股股数$$

一般来说，每股净资产数值越高越好。如果每股净资产不断增加，则表明公司处在不断成长之中。相反，如果公司每股净资产不断下降，则公司处于下行周期中。

⑤净利润现金比是经营活动产生的现金流与净利润之间的比率，可以用来判断公司净利润中现金含量的高低。具体计算公式如下：

$$净利润现金比 = 经营活动产生的现金流 \div 净利润$$

很多投资者只关注利润表，而忽略现金流量表，但其实现金流量表也极其重要，因为利润表采用的是权责发生制，而现金流量表采用的是收付实现制。简单来说，如果一家企业的商品卖出去，有的客户给现金，有的则赊账，那么在利润表中是没有区分的，都构成净利润，而现金流量表中，只有收到现金的才算，或者有的客户为了能抢到货，甚至会提前打款，这样，我们的现金流量也会增加。所以，我们可以通过对比净利润现金比来判断企业的产品是否具有竞争力。

其实，各种比率分析都不能单纯看比率的数值本身，还要结合企业之前的比率以及与同行业其他企业的比率进行对比，才能作出合理的评价。

事实上，投资最根本的在于投资人，财务报表是财务人员编制出来的，但本质上又不是，它是整个企业所有人员参与经营管理的结果，而财务人员只是用财务专有的语言描述出来而已。企业家本身是否恪守诚信，追求卓越，是否具有战略眼光，决定了企业的生命力长短。看着越容易赚的钱，往往越难赚。回报率最高的投资，其实是投资我们自己。

二十五、林一投资的故事

——识别财务造假的方法

　　林一听说村里来了一个"有钱人"，名字叫贾六。贾六出手阔绰，据说在全国各地都有投资项目，这次来村里主要是来考察，看能不能在村里办个厂。村里人听说贾六曾经做投资的辉煌事迹以后，都羡慕不已，表示要跟着贾六投资，贾六也拍着胸脯承诺一定可以快速回本。就这样，大家纷纷把钱转到贾六那里，想跟着贾六迅速致富。林一比较谨慎，他想既然贾六是来考察办厂的，等他真的把厂子办起来了再投也不迟。其他村民都笑林一傻，说过了这个村肯定就没这个店了。贾六在村里逗留了几天，时不时会给投资的村民发发红包，请他们吃吃喝喝，大家都觉得贾六是他们的命中贵人。后来，贾六说要去请合伙人一起回来考察项目，从此，就再也没有回来过。村民这才明白，原来，贾六真是个"假老板"。

　　林一投资的故事里面，贾老板假借投资办厂的名义骗取村民的钱财，而现实生活中，上市公司财务造假也屡见不鲜，对于很多投资者来说，往往容易像林一的故事里面的村民一样被虚假的故事或者粉饰过的财务报表所迷惑。那么，怎么运用财务知识来判断是否存在造假的嫌疑呢？

（一）财务造假的动因分析

　　一般来说，不同类型的企业财务造假的动因不太相同，对于非上市公司来说，很多喜欢"装穷"，通过减少利润来达到少交税的目的。而对于想上市或者已经上市的公司来说，则喜欢"炫富"，通过虚增利润来达到融资、圈钱的目的。

（二）识别财务造假的方法

我们知道，会计上有两个基本的等式："资产＝负债＋所有者权益""收入－费用＝利润"，而利润归所有者所有，那么就可以得到："资产＝负债＋所有者权益＋收入－费用"这个拓展的会计等式，一般来说，如果虚增利润，那么对应的就需要通过虚增资产来进行消化。资产负债表中有着各种各样的资产，从目前曝出来的上市公司财务造假的案例来看，用到的虚增资产项目主要包括：货币资金、应收账款、存货、在建工程、固定资产、无形资产等[16]。

1. 货币资金

很多人觉得，货币资金很难造假，毕竟银行也得"配合"，但是，从曝光出来的案例来看，正因为如此，货币资金的造假往往最不容易惹人怀疑。不过，毕竟谎言终究还是谎言，我们要怎么识别呢？首先，我们可以看该企业的报表里面是否存在异常现象，如果该企业的货币资金很多，但是还通过大量举债，支付高额的利息，这是不符合常理的，也是值得警惕的。其次，我们可以对比同行的数据作出判断，如果货币资金的占比很高，远高于其他同行的水平，也是值得警惕的。货币资金过多，会导致资金的盈利能力下降，所以过高也是不符合常理的。

2. 应收账款

应收账款就是企业卖出去了货但是又没收到钱，表面上看是会导致收入增加，利润增加，但是，如果后面收不回来，就成了坏账，是我们实实在在的损失。那么，怎么看应收账款是否存在异常呢？首先，我们可以看该企业应收账款的增加幅度与销售收入的增加幅度的关系，正常来说，应收账款如果大幅度增加，一般其销售收入也会较大幅度增加，因为应收账款归根到底来自销售，如果销售收入只增加一点，而应收账款却增加很多，就有可能是通过虚增的形式。其次，我们可以通过应收账款周转率和毛利率来判断，正常来说，应收账款周转率越高，意味着企业应收账款的回收速度越快，造成坏账的可能性越低，如果应收账款周转率降低，或者和同行相比低很多，而企业的毛利率却在上升，这也是值得警惕的，因为正常情况下，企业的毛利率上升意味着企业生产的产品好卖，企业的应收账款周转率会提高。最后，我们还可以看看坏账准备的计提情况，如果计提了大量的坏账准备，有可能是虚增的应收款项没有被及时发现，想通过坏账准备掩人耳目。事实上，很多造假的企业因为考虑到应收账款周转率如果下降太明显会引人怀疑，往往还会将虚增的应收款项放在"其他应收款"或者"预付账款"里面去，如果有大幅增加的应收和预付款项，都值得警惕。

3. 存货

存货有种类繁多，不好盘点的特点，所以，也就成为很多企业财务造假的重灾区，毕竟我们也不可能潜入企业的仓库去一一盘点。那么，怎么看存货是否存在着异常呢？首先，还是看存货的增长速度，如果大幅度地增长，就值得警惕，正常来说一个企业，如果产品好卖，日常经营业务带来的收入才会增加，那么利润才会增加，但是，产品好卖就意味着存货数量不太可能大幅度增加，除非利润的增长不是来源于日常经营，而是来源于其他方面。其次，看存货周转率是否下降，存货周转率如果持续下降，意味着产品可能出现滞销的情况，我们还可以结合毛利率一起来看，如果毛利率变化不大或者上升，而存货周转率下降，也是值得警惕的，因为正常的逻辑是如果产品不好卖，可能会通过降价促销的方式来加快销售，降价就意味着毛利率会下降，而不是上升或者不变，当然，我们需要看是否有因素导致营业成本下降，营业成本下降也会导致毛利率上升。此外，我们还可以看企业的存货计提减值准备的情况，如果有大量的存货跌价准备，也有可能是为了将之前虚增的存货价值"清洗"出去。

4. 在建工程、固定资产

在建工程、固定资产往往数额巨大，也就很容易成为虚增资产的蓄水池。那么，怎么识别呢？首先，还是看在建工程是否增长过快，或者是否有常年不转化为固定资产的在建工程。其次，看固定资产周转天数是否明显高于同行，如果明显提高且高于同行，有可能是通过虚增导致的。最后，可以看在建工程、固定资产在总资产中的比重，如果远高于同行，也有可能是虚增。再者，即使不是虚增，在建工程、固定资产的增加数额过大，也有可能面临盲目扩张的问题，如果没有稳健的业绩支撑，也有可能面临杠杆过高的风险。

5. 无形资产

相比前面几种，无形资产的虚增显得更为隐秘，因为虚增无形资产，一般不会影响毛利率、应收账款周转率、存货周转率这些常见的大家比较关注的指标，并且还显得企业比较注重创新，重视无形资产。无形资产的取得有外购和自主研发两种方式，如果采用外购的方式取得无形资产，其取得速度相对快一些，但是，往往，能够用钱买得到的往往不一定是核心资产，真正的核心专利技术等往往需要自主研发，而自主研发往往需要较长的时间。所以，如果某个企业的无形资产如果增长过快，就需要提高警惕，需要深究其中更为深层次的原因，看能否找到合理的解释。此外，还需要将无形资产周转天数与同行对比，看是否明显高于同行，如果远高于同行，也有可能是虚增。

事实上，上市公司财务造假的常见手法远不止这些，正所谓"冰冻三尺，非一日之寒"，一个企业在曝出财务造假之前可能已经出现了种种迹象，我们要善于挖掘和分析，财务报表虽然从公布的那一天就已经过时，但财务报表分析还是能帮助我们从蛛丝马迹中找寻真相，练就火眼金睛。

二十六、林一和灰姑娘的故事

——生活中的无形资产

林一是一位王子，他在舞会上邂逅了一位灰姑娘，灰姑娘是那么美丽动人，让林一心动不已。可是，一曲舞蹈结束，灰姑娘就匆忙离开，只剩下一只漂亮的水晶鞋。林一定期举办舞会，希望能再次见到美丽的灰姑娘。

而灰姑娘这边呢，尽管渴望再次见到林一王子，但是，现实的种种总是让她退缩。丢了一只水晶鞋，我是不是得想办法再买一双？总不能光脚去见林一吧？于是，灰姑娘拼命努力工作，经过两年，终于存够钱买到了一双漂亮的水晶鞋。有了水晶鞋，灰姑娘想，我总不能穿着破破烂烂的衣服去见林一吧，这样即使水晶鞋再美，也没法衬托出来呀？于是，灰姑娘又拼命工作，又经过两年，终于存够钱买到了一套漂亮的礼服。有了礼服和水晶鞋，灰姑娘还是不自信，想着还要买首饰、包包、香水、化妆品……就这样过了一年又一年，灰姑娘终于集齐了所有她能想到的能让自己看起来更能匹配林一王子的物件，满心欢喜地去参加了林一的舞会。

灰姑娘对林一王子说："你还记得我吗？那只水晶鞋？我就是那个灰姑娘。"林一看着眼前的灰姑娘，已经不再年轻，穿着打扮和自己身边的贵妇并无两样，冷冷地回答道："是吗？我的灰姑娘永远18岁，她可能只在我的梦中。"

故事中的林一和灰姑娘，尽管只有一面之缘，却彼此留下了深刻的印象。很大程度上，美丽的外貌确实为灰姑娘带来了极大的好处，而故事中的灰姑娘为了维持自己的美丽外在条件，也付出了许多。那么，颜值是否可以成为生活中的一种无形资产呢？

会计上的无形资产一般是指没有实物形态的可辨认的非货币性资产，例如，我们常见的商标权、专利权、非专利技术、著作权、土地使用权、特许权等都属于无形资产的范畴。要满足无形资产的条件，我们首先得满足资产的定义，资产是企业过去的交易或者事项所形成的由企业拥有或者控制，预期会给企业带来经济利益流入的资源。不过，为了能够核算，还加了确认的条件，就是能够可靠地计量。很多我们在生活中以为的无形资产，因为其价值不能可靠地计量，所以并不能确认为会计里面的无形资产。对于那些靠颜值吃饭的流量明星来说，颜值能给他们带来真真切切的经济利益，这或许可以作为一种无形资产。但是如果一个人仅仅靠着颜值，没有其他的内涵和实力，其价值是不会长久的，就像故事中的灰姑娘总有老去的一天，她曾经的年轻貌美也终将没有价值，我们在会计上将这种无形资产价值的减少计入累计摊销。

现实生活中，我们往往会陷入颜值焦虑的陷阱之中，明明很年轻，却每天研究怎么抗初老，将大量的时间和精力用于提高颜值之中，容易陷入消费主义的陷阱，我们常常为了外表好看而选择用大量的物质去补充，就像故事中的灰姑娘，买了水晶鞋又买礼服、包包、化妆品……这些也终究换不来真正的自信。其实，不管是无形资产，还是固定资产、低值易耗品，尽管披着资产的外衣，价值都会随着我们的使用减少，固定资产可能还会有一些残余价值，而无形资产，大多数情况残余价值直接为零。就像曾经非常先进的专利技术，会被后面更为先进的技术所取代，从而变得一文不值。

现实生活中，我们也常常会陷入教育焦虑的陷阱之中，明明是希望孩子健康快乐地成长，却也因为周围人都在报钢琴、围棋、机器人的培训而莫名陷入"内卷"之中。如果把培养孩子的才能比喻成无形资产的研发，家长们投入的越多，就越希望有产出，还希望是立竿见影的结果。殊不知，无形资产的自主研发过程极其艰辛，会计里面将前面的结果不明确的基础阶段叫作研究阶段，产生的费用都只能费用化处理，而后面能够有较为明确结果的阶段叫作开发阶段，开发阶段能满足条件的才能资本化处理，计入无形资产的成本[17]。很多人还处在研究阶段就放弃了，很多时候，我们忘了原本的初心，教育本身是为了激发孩子对于学习的热爱，让一棵小树苗长成一棵大树，让一颗花籽开成一朵花，我们能做的，是默默浇灌和滋养，静待花开。

那么，如果将会计上的无形资产的定义扩大化，父母在生活中又应该给儿女留下什么样的资产呢？林则徐说过一句话："子孙若如我，留钱做什么？贤而多财，则损其志。子孙不如我，留钱做什么？愚而多财，益增其过。"有形的资产再多，如果不懂得管理，没有足够的才能来驾驭，终究会随风而去。一个人也好，一个企业也好，最核心的资产，应该来自无形资产。乐观向上的心态、诚实守信的品德、坚持不懈的毅力、勇于创新的精神，这些也许才是父母留给下一代最好的无形资产。

二十七、林一的疑惑

——会计合规性分析

　　林一从新闻报道中得知，不少明星偷税漏税金额竟然高达几亿元，不禁感叹娱乐圈的各种乱象。普通百姓辛辛苦苦工作几十年的收入可能都不敌这些明星偷税漏税金额的千分之一，甚至万分之一，一些明星在享受着我们国家发展红利的同时却没履行应尽的义务——依法纳税。林一还听说，有的明星被查出来之后，只需要补缴税款就可以了，不需要承担刑事责任，而有的相关财务人员，却有可能承担刑事责任，内心满是疑惑，那么，相关法律是如何规定的呢？

　　生活中我们常常听到某某明星偷税漏税的新闻，心中肯定也会有和林一类似的疑问。会计人员要如何才能合法合规？相关的法律又是如何规定的呢？要搞清楚这些问题，我们先要明确"偷税""漏税""逃税"这三个概念分别是什么意思。

　　"偷税"指的是纳税人故意违反税收法规，采用欺骗、隐瞒等方式逃避纳税的违法行为，其目的是少缴纳或者不缴纳应纳税款。"漏税"则是指纳税人无意识地漏缴或者少缴税款的行为。而"逃税"则是指纳税人违反税法规定不缴或者少缴税款的行为[18]。通过对比，我们发现，这三个里面，"漏税"是无意识的，也就是说纳税人不是主观故意，或者说税务机关无法举证纳税人是故意的；而"偷税"和"逃税"则是纳税人主观故意的，"逃税"更为严重，它是刑法上的概念，它是在"偷税"的基础上，5年内再次故意"偷税"或者说不配合税务机关补缴税款和罚款。

从曝光出来的各种明星偷税漏税的事件来看，很多明星为了偷税漏税，可谓无所不用其极。例如，订立阴阳合同，将较少收入的那份合同用于纳税，从而少缴税，或者隐匿各种收入，进行虚假申报，转变收入性质、滥用税收优惠等。有的明星甚至利用自己是外国藉的身份和流量优势，要求境内企业将他的个人劳务报酬支付给其在境外注册的企业，将境内个人收入"包装"成境外企业收入，从而逃避我国的税收监管，达到偷逃税款的目的，性质极其恶劣。

那么，为什么有的明星在偷税漏税事件曝光以后，还能"安然无恙"，不用承担刑事责任，而有的企业偷逃税的金额远不及这些明星，却要承担刑事责任呢？其实，这主要是因为，我们国家刑法规定，对于初犯人员，按税务机关的要求补缴了应纳税款，缴纳滞纳金，已受行政处罚的，就不予追究刑事责任。而如果是"累犯"，那就另当别论了。

企业偷税漏税，如果会计是逃税罪的单位犯罪中的直接责任人员，也会受到相应的处罚，而如果会计不是直接责任人员，或者不知情、没有参与逃税的，则不会处罚会计。那么，会计人员的哪些行为可能会涉及我们所说的偷逃税呢？比如伪造、变造、隐匿或者擅自销毁账簿、记账凭证，也就是我们常说的"毁尸灭迹"，或者说故意开假发票、做假账，多列支出、少列收入，进行虚假的纳税申报等。这些都是和我们的会计人员息息相关的，尤其要注意，有底线思维，不做违法犯罪的事情。

福建有一首很出名的闽南歌曲，叫作《爱拼才会赢》，闽南也出了很多杰出的企业家，其中一位企业家对于"爱拼才会赢"作出了这样的解读：爱拼才会赢，拼的应该是诚信。明星偷税漏税，触犯了法律底线，为了眼前的利益而毁掉了原本的大好前程，而如果输掉了诚信，一个企业不可能走太远，一个人也到达不了想去的远方。正如《孔子家语》中所言："言必诚信，行必忠正。"愿我们能在这个浮躁的社会中，能不忘初心，将中华民族的这一优秀品质和文化传承给下一代。

参考文献

[1] 康萍，姚虹，丁丽华，黄炜倩.基础会计 [M].北京：中国水利水电出版社，2011.

[2] 李岚.会计基础 [M].上海：上海交通大学出版社，2016.

[3] 王则斌.基础会计学 [M].苏州：苏州大学出版社，2002.

[4] 张志萍，孙德菅.基础会计理论与实务 [M].北京：高等教育出版社，2021.

[5] 薛洪岩.基础会计 [M].上海：立信会计出版社，2018.

[6] 陈沉.会计学原理及教学案例 [M].广州：华南理工大学出版社，2020.

[7] 杨雄，吴颖红.会计基础 [M].北京：北京理工大学出版社，2020.

[8] 满莉，黄雅平.基础会计 [M].北京：化学工业出版社，2018.

[9] 李瑞芬，张敏.会计学原理 [M].北京：中国农业出版社，2009.

[10] 罗勇.会计学 [M].上海：立信会计出版社，2018.

[11] 许延明."钱"眼看世界：生活中的会计学 [M].哈尔滨：哈尔滨工业大学出版社，2013.

[12] 陈德萍.中级财务会计 [M].大连：东北财经大学出版社，2014.

[13] 荣国萱，任高飞.新编税务会计 [M].南京：南京大学出版社，2018.

［14］杨永义.税法解析与实务［M］.北京：经济科学出版社，2021.

［15］宋蔚蔚.个人理财［M］.北京：中国人民大学出版社，2019.

［16］马靖昊.利润是否造假，关键看资产负债表［EB/OL］. https：//
mp. weixin. qq. com/s/NuLcaM1doxLdWruaZLgTNg，2022 – 10 – 20.

［17］杨克智.会计故事会［M］.北京：经济科学出版社，2022.

［18］王荃.轻松纳税［M］.北京：机械工业出版社，2010.

后　记

　　写完整本小书，有种如释重负的感觉。回想起自己的学生时代，对于会计的印象也只是简单的借贷记账法和冰冷的数字，没有太多的思考，而偶然读到的一本经济学著作《王二的经济学故事》中，作者郭凯以王二为主角，结合对现实生活的思考，将原本深奥难懂的经济学原理绘声绘色地呈现在故事中，讲解给读者听，当时就无比钦佩作者的深厚功底。所以本书在写作过程中，也借鉴了这种将故事与知识相融合的方法，通过主人公林一的故事来讲解基本的会计学理论。不过，在这个过程中，难免会出现一些错漏和不足，还望广大读者批评指正！把复杂的问题简单化，把专业的问题通俗化，让普通人不会对会计学专业知识望而却步，这是我们一直以来所努力的方向，也是这本书的写作初衷。

　　本书在写作和出版过程中，得到我的工作单位福州外语外贸学院的大力支持，不少同事、朋友和同学参与到其中，给我提供了很多珍贵的写作素材和宝贵的意见和建议，在此向帮助过我的同事、朋友和同学们表示衷心的感谢！